Regulando o Setor de Telec

Regulando o Setor de Telecomunicações

A Experiência Brasileira nos anos 1990

Ivan de Castro Gonçalves Bérzin

LUXSIT

Publicado por
Lux Sit
Balasta dambis 70a-5
LV-1048, Riga, Letônia
info@luxsit.eu

Ivan de Castro Gonçalves Bérzin, também conhecido como Janis Berzins no exterior, é o diretor do Centro de Pesquisas em Defesa da Academia Nacional de Defesa da Letônia.

Cover Image: Economic Worries by Petr Kratochvil. CC0 1.0 Universal (CC0 1.0) license.

ISBN13: 978-9934-8396-6-5

Contents

Para meus pais

INTRODUÇÃO

A partir do início da década de trinta, o Estado brasileiro passou a ter um caráter desenvolvimentista, o qual perdurou até o final dos anos setenta, mais exatamente até o final do II PND.[1] Com a crise econômica mundial dos anos trinta, cujo maior sinalizador foi a drástica queda do índice da bolsa de valores de Nova Iorque, a eficácia da política liberal passou a ser questionada. Desta forma, em oposição às dificuldades do Estado liberal em produzir riqueza e distribuí-la de forma adequada, surgiu o Estado keynesiano, cuja política baseava-se na intervenção estatal na economia como forma de manter a atividade econômica próxima ao nível do pleno emprego.

No Brasil, com o início da crise econômica da década de trinta, o governo foi obrigado a comprar os excedentes de café que não foram demandados, como forma de manter o nível de renda existente no país. Assim começava a intervenção estatal na economia brasileira, antes da consolidação das políticas keynesianas e dos Estados de bem-estar social.[2] O ápice da intervenção estatal na economia brasileira, ocorreu no período que compreende a segunda metade dos anos sessenta, até o final da década de setenta. Neste período foram implementados o I e o II PND, cujo principal objetivo era consolidar a industrialização brasileira nos parâmetros tecnológicos da segunda revolução industrial.

Desde a década de cinquenta, a industrialização brasileira estava baseada na expansão da indústria de bens de consumo duráveis e de bens de capital,[3] de acordo com a política de substituição de importações e com a consolidação dos oligopólios privados internacionais. O Estado assume o papel de prover a infraestrutura necessária à esta expansão, financiando os projetos através de políticas monetárias e fiscais expansivas. Como a dinâmica da industrialização deste período estava baseada nos setores de bens de consumo duráveis e de bens de capital, que trabalham com grande ociosidade, o nível de investimento em um período posterior sofre uma retração, justamente devido a uma não necessidade de se aumentar a capacidade produtiva para atender a um incremento da demanda. Aliado com a diminuição do nível de investimento do Estado e com o esgotamento do modelo de substituição de importações, a economia brasileira sofre uma queda no seu ritmo de crescimento, chegando a 2,6% ao ano em 1967.

Após o golpe militar de 1964, algumas reformas foram implementadas na economia, como forma de reverter a crise pela qual o país passava. As principais medidas compreenderam uma reforma do setor financeiro, uma compressão violenta dos salários, um processo de reconcentração industrial (reaglutinação de empresas) e um processo de concentração de rendas. Com estas medidas, a partir de 1967 a indústria de bens de consumo duráveis e de bens de capital puderam retomar seu nível de expansão, baseando-se principalmente nas altas taxas de capacidade ociosa, o que eliminava a necessidade da realização de novos investimentos.[4] Esta expansão pode ocorrer até 1969, quando a capacidade ociosa chega em um limite e passa a haver a necessidade de novas inversões. Com isto, os diversos setores da economia passam a crescer a taxas altíssimas, sempre baseados na expansão da estrutura

9

industrial preexistente (MELLO & BELLUZZO, 1984). A economia brasileira experimenta um crescimento médio de 9% no período de 1968 a 1974.

O principal problema do crescimento econômico neste período, encontra-se no fato deste estar baseado em dois setores industrias que necessitam de um crescimento global da demanda, para ter um crescimento da sua própria. Isto equivale dizer que estes dois setores são incapazes de se autosustentar. Assim, a onda de investimentos ocasionada pelo fim da capacidade ociosa existente em um período anterior, gerará um novo grau de ociosidade. Como a demanda por bens de consumo duráveis é cíclica, ao não ocorrer um aumento de consumo, juntamente com a nova capacidade ociosa, a taxa de rentabilidade esperada diminuirá, de tal maneira que o nível de investimento nestes segmentos industriais também diminuirá. A expansão da economia brasileira estava atrelada a estes dois setores, havia a perspectiva de ocorrer uma desaceleração no nível de crescimento geral da economia.

Com o primeiro choque do petróleo, o déficit do balanço de pagamentos brasileiro aumenta ainda mais, situação agravada pela deflagração de uma crise mundial que diminui o ritmo do comércio mundial. O Estado vislumbra duas opções: deixar a crise mundial afetar o nível de crescimento econômico ou proteger a economia nacional e proporcionar condições para um novo período de crescimento. Devido às expectativas de crescimento econômico, em 1974 vários investimentos estavam no início, no meio ou em conclusão. Ora, uma política recessiva poria abaixo os ânimos dos investidores, ao frustar suas expectativas. Para não frustar estas expectativas, o que deflagraria uma crise ainda maior do que a experimentada pelos outros países, o governo escolhe a segunda opção e assim é implementado o II PND.

O II PND foi implementado como uma alternativa para manter o desenvolvimento econômico brasileiro, mesmo face à crise que a economia internacional estava passando, dando um aspecto de continuidade ao período de 1967-73. Com a crise do petróleo[5], uma nova conjuntura despontou, sendo necessário um redirecionamento da política econômica implementada anteriormente. Esta reordenação não poderia ocorrer através das forças naturais do mercado, mesmo porque as políticas de crescimento econômico, desde os anos 50, sempre privilegiaram o setor de bens de consumo duráveis e neste momento era mister que outros setores da economia também se desenvolvessem, pois a demanda por bens de consumo duráveis já experimentava uma estagnação. Assim, o governo deveria intervir drasticamente na economia, através da ação direta ou através de incentivos para o desenvolvimento dos setores produtores de bens de consumo e de bens de capital. Enfim, para reordenar a economia seria necessária a intervenção governamental, através das estatais. Desta forma, grandes projetos como a prospecção de petróleo, expansão da siderurgia, transportes urbanos, foram levados adiante através da estatização destes setores.

Concomitantemente, a falta de poupança interna aliada com os déficits do balanço de pagamentos, determinava que o governo por si só não tinha condições de realizar o investimento necessário para a realização das propostas do II

11

PND. Como o crédito internacional estava abundante e com taxas de juros baixas, a opção foi o aumento do endividamento externo oficial. A economia brasileira assim, pôde continuar a crescer em um cenário externo turbulento. A capacidade de importar, por sua vez, vinha caindo dramaticamente, apesar do aparente equilíbrio alcançado em 1977. Como o país dependia da importação de combustíveis, a alta do preço do petróleo foi um fator fundamental para a depreciação dos termos de intercâmbio comercial. Por sua vez, o colapso do sistema financeiro internacional, cujo reflexo mais significativo foi um aumento drástico nas taxas de juros, fez diminuir a capacidade de emprestar do país e aumentou o serviço da dívida externa.

Este panorama, apesar dos reflexos dos investimentos ocorridos durante a fase do milagre, fez com que a economia entrasse em crise, necessitando que o governo agisse de forma que a crise econômica não se aprofundasse ainda mais. Desta feita, a opção foi desaquecer a economia. Contrariamente a 1974, os investimentos da época do milagre já tinham atingido sua maturação, ou quase, o ritmo da economia era menor e não se pretendia fazer uma nova onda de investimentos. O "milagre" brasileiro terminava junto com o sonho de se promover ajustes estruturais, que o resto do mundo fez enfrentando um panorama recessivo, suavemente. A crise instala-se no Brasil.

No início dos anos setenta, enquanto o Estado brasileiro procurava, através de uma política estruturalista, desenvolver o país, na Europa e nos Estados Unidos o Estado keynesiano era posto em xeque pelos defensores do liberalismo, agora chamado de "neo"liberalismo, como forma de imprimir um caráter de novidade a algo que já fora substituído pelo keynesianismo por apresentar ineficiências. A redução do nível do crescimento da economia, o aumento da inflação e do desemprego e problemas na balança de pagamentos foram considerados resultado das políticas keynesianas. Assim, uma proposta baseada no monetarismo é implementada nos Estados Unidos, como forma de corrigir o cenário deixado pelo Estado de bem-estar social keynesiano. No final da década de setenta e no início dos anos oitenta, os liberais ascendem a poder, primeiramente na Inglaterra, com a eleição de Margaret Tatcher, em 1979, seguido pelos Estados Unidos com Ronald Reagan, em 1980. A partir daí, o conservadorismo e o liberalismo voltaram a ser a ideologia dominante, determinando a diminuição da participação do Estado na economia, afinal o mercado é o melhor distribuidor dos recursos, conforme já foi demonstrado no início do século, principalmente no final dos anos vinte.

Em 1979, graças ao segundo choque do petróleo[6], quando o preço do barril quadruplicou, juntamente com a crise financeira internacional, que diminuiu as possibilidades de se tomar empréstimos externos, o Brasil se viu sem opções para financiar tanto o déficit das suas contas, como o nível de investimento do Estado na economia. Com o país atravessando uma recessão e sem as fontes de financiamento externo, o Estado passa a negociar a dívida externa preexistente com o FMI, assim como a solicitar novos empréstimos. Tendo que negociar com o principal defensor das políticas monetaristas, o Estado brasileiro foi obrigado a assinar cartas de intenções, onde se comprometia a adotar as políticas determinadas pelo Fundo Monetário Internacional. Com o passar do tempo, as normas para concessão de empréstimos foram se tornando mais rígidas, com a inclusão das conclusões do Consenso de Washington. Assim, o Estado têm de rever seu papel de investidor e passar a adotar a tríade, abertura comercial, desestatização e desregulamentação.

Durante a década de oitenta, pouco foi feito pelo Estado brasileiro para cumprir as determinações das cartas de intenções assinadas, assim como as conclusões do Consenso de Washington.[7] Somente no governo Collor o debate acerca da necessidade da restruturação do Estado brasileiro, como forma de eliminar a inflação crônica e retomar o crescimento do país tomou fôlego, ocorrendo algumas mudanças estruturais. Com a implementação do PND, os ativos públicos começam a ser passados ao capital privado.[8] Esta estratégia visava reduzir a dívida pública, permitir a retomada dos investimentos, contribuir para a modernização da indústria, concentrar esforços em atividades fundamentais e incentivar a democratização da propriedade do capital do capital das empresas privadas. O papel do Plano Nacional de Desestatização neste período, foi o de mecanismo de redução da dívida pública e fator fundamental na nova configuração do papel do Estado no desenvolvimento econômico.

No governo Fernando Henrique Cardoso, passou-se ainda a se buscar a restruturação do aparelho estatal, promovendo uma maior abertura comercial, desregulamentação, e reforma administrativa. A reforma do Estado vem sendo defendida como uma forma do Estado alterar suas relações

14

com o setor privado, baseado na questão de regime de propriedade. Assim, é uma reforma para permitir que se estabeleça, no setor público, uma administração pública gerencial (PEREIRA, 1997). O Estado brasileiro, baseado no modelo burocrático prussiano, implementado por Getúlio Vargas, não mostra-se eficiente na nova realidade econômica e social brasileira. Assim, torna-se necessário mudar a forma pela qual as relações entre o Estado e a sociedade ocorrem. A restrição orçamentária de alguns setores estatais, mostra que o governo não está disposto a continuar financiando o modelo burocrático existente até então, considerado ineficiente. Esta restrição orçamentária vem então, como forma de pressionar os setores a se remodelarem, utilizando o conceito de Estado gerencial.

Com a privatização da TELEBRÁS e de suas subsidiárias, o Estado brasileiro claramente demonstra sua intenção de deixar o papel de provedor de infraestrutura, característica do Estado desenvolvimentista, para adotar a política monetarista propagada pelo FMI e pelo Consenso de Washington. Desta forma, o Estado passa a assumir um caráter regulador, deixando de intervir diretamente nas questões que o mercado, na opinião dos supracitados e de seus seguidores, pode otimizar a distribuição da riqueza gerada.

Porém, deve-se definir o que é regulação. A teoria neoclássica ao tratar das questões relativas à interferência[9] de um agente sobre outro, acabou por denominar este fenômeno como externalidade, sendo então, desempenhos externos à uma determinada atividade. Os efeitos das externalidades têm caráter distinto entre interferido e interferidor, de tal maneira

15

que podem ocorrer quatro situações distintas: i) Tanto o interferidor como o interferido são indiferentes; ii) O interferido é afetado e o interferidor não; iii) O interferido não é afetado e o interferidor é e iv) ambos são afetados. Estas características levam a conclusão que há um conflito de interesses entres os agentes. Nesse caso, torna-se necessário haver a regulação da atividade interferidora, de tal maneira que a externalidade possa ser corrigida.

Para existir a regulação, esta deve basear-se em regras, como por exemplo, a legislação, para regular a necessidade e conveniência pública (MITNICK, 1989, p. 26). É mister, porém, que o regulador não seja nem uma parte diretamente envolvida, nem esteja estabelecida na atividade do regulado. Desta forma, normalmente, o papel de regulador parte das instituições governamentais, que se supõe, são isentas de outro interesse, que não o bem-estar social geral. Assim, uma definição adequada de um conceito, seria: "A regulação é a política administrativa pública de uma atividade privada[10], com respeito à uma regra prescrita no interesse público." (MITNICK, 1989, p. 26).

Partindo do princípio de que a propriedade de uma empresa é um fator que influencia seu comportamento e seus resultados "(...) já que as mudanças ocorridas nos direitos de propriedade alteram a estrutura das motivações confrontadas pelos tomadores de decisão na empresa." (VICKERS & YARROW, 1991, p. 14), deve-se regular sua atuação, para que os impactos econômicos, políticos e sociais, sejam, se não os melhores, mas os menos nefastos para a sociedade.

16

Assumindo-se, que o objetivo do empresário privado é a maximização de lucro, o setor de telecomunicações brasileiro, privatizado recentemente, por apresentar as características de monopólio natural e assim ter um alto grau de poder político e de mercado deve ser alvo de regulação para que exista uma forma de proteção, tanto aos consumidores, como ao próprio setor. Além disso, os produtos oferecidos pelo setor são numerosos e variados e o setor experimenta um avanço tecnológico muito rápido. Contudo, existe um aspecto social no setor de telecomunicações, envolvendo o acesso à rede básica, fator fundamental para a integração social do país. Assim, devido à inexperiência do Estado brasileiro em assumir o papel de regulador, torna-se necessário realizar um cotejo entre as estratégias de privatização e regulação internacionais e as brasileiras. Diante do exposto, este livro tem como objetivo responder às seguintes perguntas:

a) Qual é o tratamento teórico adequado para o conceito de regulação?

b) Como se dá a regulação internacionalmente?

c) Como está estruturada a regulação no Brasil?

Assim, este livro parte da argumentação que a indústria de telecomunicações brasileira, por se tratar de um setor de infraestrutura, apresentando a configuração de monopólio natural deve ser alvo de regulação e regulamentação. Como o poder de mercado de firmas que operam em mercados caracterizados por monopólios é grande, deve haver a regulação por uma parte não seja nem diretamente envolvida, nem esteja estabelecido na atividade do regulado. Assim, práticas espúrias com relação à concorrência podem ser evitadas, de tal

17

forma que as externalidades negativas existentes, tanto em relação as empresas como em relação aos consumidores, possam ser minimizadas, protegendo a sociedade e o próprio setor.

CAPÍTULO 1
A REGULAÇÃO DOS SETORES DE INFRA-ESTRUTURA

A teoria neoclássica ao tratar das questões relativas à interferência de um agente sobre outro, acabou por denominar este fenômeno como externalidade, por estas constituírem-se de desempenhos externos à uma determinada atividade que afetam uma outra parte, sendo provenientes de conflitos referentes aos direitos de propriedade.[11] Assim, uma definição adequada para o conceito "externalidade", seria que esta constitui-se de "(...) um efeito externo de uma decisão econômica, que beneficia ou prejudica uma pessoa que não era partidária da decisão"[12] (STIGLER, 1975, p. 104).

Antes de se conceituar adequadamente o termo "regulação", faz-se necessário haver uma diferenciação deste com o termo "regulamentação". De acordo com o dicionário, o termo "regular" tem os seguintes significados:

- Dirigir de conformidade com as leis, com as regras estabelecidas.

- Estabelecer regras

- Estabelecer ordem, economia, moderação.

- Regularizar o movimento.

- Sujeitar a certas regras.

Da mesma forma, o termo "regulamentar" encontra seus significados como:

- Que diz respeito ao regulamento.
- Que consta do regulamento (disposição regulamentar).
- Conferido pelo regulamento (atribuição regulamentar).

Fica claro, portanto, que as palavras possuem significados distintos e que o termo "regulação" refere-se ao ato de se restringir uma ação de determinado agente, enquanto que o termo "regulamentação" refere-se a uma das maneiras de se efetuar esta restrição. O termo utilizado no restante deste livro será, portanto, regulação, quando se tratar da intenção de se restringir as atividades de determinado agente.

Para que a regulação tenha o efeito desejado, é mister que o agente regulador não seja nem uma parte diretamente envolvida, nem esteja estabelecido na atividade do regulado. Caso contrário, as ações do agente regulador teriam como objetivo proteger o agente a ser regulado, ou procurariam prejudicá-lo para eliminar um concorrente. Desta forma, normalmente, o papel de regulador deve partir de instituições governamentais, que se supõe, são isentas de outro interesse que não o bem-estar social geral.

Assim, uma definição adequada de um conceito de regulação seria: "A regulação é a política administrativa pública de uma atividade privada,[13] com respeito à uma regra prescrita no interesse público.[14]" (MITNICK, 1989, p. 26). Assim, como a regulação tem um caráter dinâmico, sendo um processo e não meramente um resultado, uma definição melhor seria: "A regulação é um processo que consiste na restrição intencional da escolha de atividades de um sujeito e provém de uma entidade que não é parte direta, nem está estabelecida na atividade em questão"[15] (MITNICK, 1989, p. 29).

Esta última definição atende ao mesmo tempo a necessidade de o órgão regulador não fazer parte nem estar estabelecido na atividade a ser regulada, podendo o agente a ser regulado fazer parte tanto da esfera estatal como da privada. Neste livro se utiliza o último conceito, ressaltando-se que a ação restritiva será encarada como proveniente do Estado, tendo como alvo uma indústria, por este tradicionalmente deter os poderes de coerção, proibição e incentivo, podendo, portanto, ajudar ou prejudicar uma grande parte das indústrias estabelecidas em um país (STIGLER, 1971).

Objetivos e formas de regulação

Tendo sido determinado um conceito exato para o termo "regulação", deve-se definir seus objetivos e quais as maneiras pelas quais esta pode ocorrer. A regulação, porém, se estende aquém "(...) da percepção comum do controle público das atividades privadas sociais e relacionadas com o mercado[16]"(MITNICK, 1989, p. 34). A regulação não visa apenas proteger a sociedade de maneira geral, mas sim a própria indústria, sendo normalmente a última alternativa a que ocorre com mais freqüência. Assim, existem dois pontos de vista alternativos, acerca da regulação (STIGLER, 1971).

O primeiro assume a proposição de que a regulação existe para manter o bem-estar da população em geral. O segundo é que o processo político pelo qual ela ocorre, "(...) desafia qualquer explicação racional ...(pois)... a "política" é imponderável, uma constante e imprevisível mistura de forças da

21

mais diversa natureza, compreendendo atos de grande virtude moral (a abolição da escravatura), assim como da mais vulgar venalidade (o aumento dos próprios salários, por parte dos deputados)." (STIGLER, 1971, p. 2).

QUADRO 1
TIPOS DE REGULAÇÃO

	O público regulado	O privado regulado
Regulador Público	Auto-regulação governamental iii	Regulação tradicional i
Regulador Privado	"Captura" ii	Auto-regulação privada iv

No quadro 1 demonstra-se as quatro possibilidades de regulação, entre o público e o privado. Na situação i, ocorre a regulação tradicional, onde o governo interfere nas decisões tomadas pelos agentes econômicos, através de uma agência, sendo esta sua forma mais comum. Na situação iii, um órgão governamental regula uma agência, no que diz respeito ao cumprimento das metas estabelecidas pela legislação. Quando o regulador é privado e o regulado é o público, como na situação ii, há o que pode ser chamado de "captura", pois os objetivos e resultados da regulação tendem a atender aos interesses do regulador. O caso clássico é o da agência reguladora que passa a proteger os interesses do regulado, passando a ocorrer uma prática regulatória inversa. A situação iv, abrange os acordos comerciais privados, tais quais como a estandardização de produtos[17]. Todavia, esta situação é falha, pois o agente regulador faz parte e têm interesses na atividade em questão, fugindo portanto do significado do termo "regulação".

Na teoria neoclássica, pode-se encontrar o conceito de competição perfeita. Embora dificilmente se encontre esta configuração de mercado, esta é a mais desejável, por alocar otimamente os recursos da sociedade, baseando-se no conceito do ótimo paretiano. Em uma situação, onde o ótimo de Pareto ocorre, um agente não pode se beneficiar sem prejudicar outro, enquanto que em uma situação onde isto não ocorre, um agente pode se beneficiar sem prejudicar outro, até que o equilíbrio seja alcançado. Como o equilíbrio raramente ocorre, então a ocorrência de uma situação de competição perfeita também o será. Assim, não ocorrendo freqüentemente a configuração de mercado mais desejável, passa a ser necessária a sua regulação, que ocorrerá quando (MITNICK, 1989):

Quando ocorrem problemas relativos à competição ou à falta dela, podem-se estabelecer duas situações distintas: 1. quando os atores do mercado são imperfeitos e 2. quando existem problemas de intercâmbio do mercado. No primeiro caso, a imperfeição dos atores vem da assimetria de informação dos agentes, notadamente dos compradores, seja por falta de informação, seja por uma racionalidade limitada. Esta assimetria refere-se às informações sobre as características do produto, como sua qualidade, ou sobre as características de mercado como seu preço e mesmo sobre o risco associado com o produto (KELMAN, 1974, apud MITNICK, 1989). As informações acerca do risco de cada produto não são obtidas facilmente, de tal maneira que o governo adota regulações sobre a segurança de alguns produtos, como pode-se verificar na indústria de brinquedos.

No segundo caso (problemas de intercâmbio do mercado), a imperfeição dos atores vem de situações onde a competição apresenta problemas como:

i. Risco: Um mercado não se desenvolve devido ao risco existente. Para existir a inversão em determinado mercado, os agentes privados procuram medir o risco do investimento a ser realizado. A falta de informação sobre o resultado da inversão, pode atrofiar ou mesmo paralisar seu desenvolvimento, de tal maneira que esta apenas ocorrerá caso haja intervenção estatal, como por exemplo a concessão de um monopólio temporário.

ii. A competição e discriminatória e seletiva: O abuso da falta de informação dos consumidores e vendedores, como por exemplo a concessão de vantagens a agentes selecionados.

iii. A competição é destrutiva: A competição é destrutiva na medida em que práticas espúrias são tomadas pelos agentes, como forma de atingir uma posição mais confortável no mercado. Isso pode ocorrer através de uma guerra de tarifas, que pode prejudicar a indústria. Como o intuito dos agentes econômicos, quando realizam um investimento, é auferir lucro, estes procurarão investir apenas nos mercados considerados mais lucrativos. Assim, torna-se necessária a intervenção por parte de uma agência reguladora para que os efeitos sejam os menos danosos para a sociedade.

iv. A competição poderia existir, mas não é desejada: Neste contexto, dada a necessidade de se desenvolver um determinado ramo industrial ou de serviços, a autoridade pode conceder o direito a monopólio, como forma de incentivos. Em muitos casos, determinado segmento de mercado não é considerado interessante para os investidores, pelo risco inerente ao investimento, seja pela ameaça de competidores, seja por considerações políticas, como por exemplo, a preferência em se manter um exército próprio, ao invés de se contratar mercenários.

v. **Quando não pode existir concorrência:** Quando existe esta característica, a configuração de mercado é denominada monopólio natural. O monopólio natural existe "(...) se toda a demanda dentro de um mercado relevante pode satisfazer-se ao custo mais baixo possível por uma empresa em lugar de duas ou mais...qualquer que seja o número de empresas participantes" (POSNER, 1969, p. 548, apud MITNICK, 1989, p. 311). Da mesma forma, o monopólio natural existirá, sobre condições de custo crescente (MITNICK, 1989). Ao se esgotar toda a tecnologia mais barata de transmissão de dados, por exemplo, determinada companhia de telecomunicações pode ser obrigada a procurar outros meios mais caros para efetuar o mesmo serviço de forma adequada.

Assim, podem existir custos decrescentes no início do empreendimento, que se converterão em custos crescentes na medida em que se precisa agregar métodos que necessitam de um maior investimento, devido à obsolência tecnológica, ou mesmo devido à impossibilidade de se aumentar a produção sem métodos mais onerosos[18]. Da mesma forma, o surgimento de novos produtos, com maior avanço tecnológico,

25

que constituam uma alternativa aos preexistentes, pode fazer com que haja a necessidade de se investir em novos métodos produtivos, tendo como consequência um aumento dos custos.

A principal crítica ao monopólio natural, é justamente a falta de concorrência. Este fator acarreta em custos para a sociedade, pois o monopolista pode aumentar sua taxa de lucro, ao cobrar preços mais altos que, havendo concorrência, seriam mais baratos. Desta forma, são socialmente indesejáveis pois: a) transfere renda das camadas relativamente mais pobres para o monopolista; b) no caso de uma economia estável, dada uma possível diminuição da demanda, passa a existir uma contribuição para um cenário recessivo. O empresário monopolista, ao confrontar-se com um cenário de retração da demanda, pode não baixar seus preços, fazendo com que a demanda diminua ainda mais.

Da mesma forma, preços mais altos geram pressão inflacionária em qualquer momento e se o monopolista preferir empregar menos fatores de produção, o desemprego pode aumentar[19] e c) O preço mais alto, praticado pelo monopólio pode excluir consumidores que comprariam o produto, mas que devido à sua restrição orçamentária preferem comprar outro mais barato, porém com uma utilidade menor. Igualmente, o lucro fácil, pode constituir-se de um incentivo para que o empresário monopolista procure realizar um aproveitamento eficiente dos fatores de produção.

As principais características do monopólio natural são:

a) o monopólio natural conduz à uma situação de

distância da minimização dos custos, pois o monopolista sem poder tecer comparações com outras empresas, não teria condições de descobrir métodos para minimizar seus custos. Ora, se o aumento do lucro é desejável, o empresário monopolista ao diminuir seus custos, estará aumentando sua lucratividade. Assim, uma ineficiência interna seria pior para o empresário do que a taxa de lucro realizada em uma situação de monopólio, pois esta última apenas representa uma transferência, enquanto a primeira significa uma condição de ineficiência. Ainda no caso de determinada empresa ser de capital aberto, uma perspectiva de distanciamento de proximidade da situação de custo mínimo, pode desagradar seus acionistas, que percebendo uma possibilidade de queda de rentabilidade de suas ações e conseqüente queda no preço de seus papeis, podem fazer pressões no sentido de se procurar o custo mínimo de produção.

b) A firma em situação de monopólio natural não possui habilidade suficiente para acompanhar as mudanças tecnológicas de forma eficiente. Segundo POSNER, 1969, apud MITNICK, 1989, não é possível distinguir a firma monopolista da competitiva, nesse ponto, pois ambas obtém ganhos com a inovação tecnológica. Enquanto que a inovação tecnológica é uma questão de sobrevivência para a firma competitiva, para a monopolista trata-se de uma questão associada com a viabilidade política. Com a inovação tecnológica, porém, pode ocorre o desaparecimento, em alguns segmentos, das características de monopólio natural. É lícito afirmar que os setores de infraestrutura, de caráter privado ou estatal, têm experimentado uma transformação estrutural, quando passa a ocorrer concorrência em certos setores, que coexistem com setores de características de monopólio natural (FAGUNDES ET ALLI, 1998).

c) O empresário monopolista oferece bens e serviços de qualidade inferior e não responde aos desejos dos consumidores. Ora, ao fazer isso, o empresário monopolista estará perdendo lucro (POSNER, 1969, apud MITNICK, 1989) pois baixar a qualidade dos produtos e serviços oferecidos para aumentar a lucratividade, dependerá da disposição dos consumidores em pagar. No caso de serviços de infraestrutura, como é o caso das telecomunicações, o consumidor pode ser obrigado a consumir, qualquer que seja a qualidade do produto disponível, sendo uma forma de o empresário monopolista aumentar seu lucro.

d) Os mercados de configuração monopolista são sujeitos à competição ruinosa ou de desperdício, se mais de uma empresa permanece dentro do mesmo. POSNER, 1969, apud MITNICK, 1989, argumenta que de forma natural, por saída ou fusão, apenas uma empresa permanecerá operando no mercado. A guerra de preços apresenta custos muito altos, não sendo uma estratégia racional. As perdas ocasionadas com esta prática, refletem-se em preços altos subsequentes, de tal forma que se atrairá nova concorrência se a entrada de novos concorrentes não for difícil. Assim, se preferirá executar uma fusão, caso seja permitido fazê-lo.

e) O poder econômico do monopolista, convertido em poder político, faz com que seus interesses sejam privilegiados, em detrimento dos da sociedade. Esta crítica refere-se às grandes empresas, não necessariamente aos monopólios naturais. Na prática porém, é difícil encontrar uma empresa

28

que constitua-se de um monopólio natural, que não tenha um porte considerável. Desta forma, ao ter poder econômico, a empresa que constitui-se de um monopólio natural, possui também poder político, podendo desta forma afetar decisões ao seu favor, o que acontece com certa frequência.

f) Por falta de concorrência, pode persistir uma incompetência administrativa na empresa monopolista. Isso é possível afirmar, devido à dificuldade de se perceber os fracassos administrativos, sem uma comparação outros fatores.

Deve-se ressaltar que nem sempre o monopólio natural apresenta as características supracitadas. Apresenta, porém, algumas e em alguns casos todas de uma só vez, devendo ser, portanto, alvo de regulação.

Como concluiu-se anteriormente, se o monopólio natural pode apresentar suas características isoladamente, juntas ou misturadas, cada situação apresenta suas peculiaridades. Assim, as experiências anteriores servem para ajudar à compreensão de uma nova, não devendo ser aplicadas sem uma adaptação prévia ao que é novo. O modelo de licitação que funcionou em um caso, por exemplo, pode não funcionar em uma outra situação, pois por trás de um preço mais baixo podem existir compensações advindas de um outro investimento do mesmo grupo participante em outro mercado, o que pode ocultar ineficiências, ao impedir a entrada de concorrentes. Assim, é lícito afirmar que "(...) a introdução de pressões competitivas acontece junto com uma diluição das fronteiras entre os mercados e frequentes movimentos de diversificação por parte das empresas, fato que complexifica o leque de ações e decisões com que se defronta o regulador" (FA-GUNDES ET ALLI, 1998, p. 17).

A maneira que poderia abranger de forma mais completa a necessidade de interação entre regulado e regulador, seria a de um contrato mutável, que a agência reguladora pudesse alterá-lo na medida que as imperfeições da forma regulatória fossem ocorrendo. Assim, as situações não previstas no contrato original, bem como as mudanças decorrentes das alterações do cenário socioeconômico, poderiam ser corrigidas mais facilmente.

Ora, como a regulação, de forma geral, se dá no âmbito estatal, dependendo portanto de determinações políticas, fica refém de um jogo de interesses, tendo sua forma moldada pela interação de forças que procuram manuseá-la para obter o máximo de vantagens possíveis. Isso implica que, em muitos casos, a regulação é buscada como forma de proteção e não como forma de se aumentar o nível de bem-estar geral, pois muitas vezes, os "(...)interesses políticos afetam os governos, e os interesses dos organismos reguladores não coincidem necessariamente com o bem-estar social"[20] (VICKERS&YARROW, 1991, p. 105). O objetivo da regulação fica deturpado: enquanto primordialmente era proporcionar o maior grau de bem-estar para a sociedade como um todo (incluindo-se aqui as indústrias e os grandes grupos econômicos), o que pode acabar ocorrendo, é a proteção de pequenos grupos[21] que se utilizam de seu poder político para tirar vantagens da prática regulatória. Desta forma, garantem o cumprimento dos seus interesses através da provisão de bens públicos ou coletivos a seus membros, como forma de auferir renda econômica.

Pode-se distinguir dois processos de busca de renda econômica. O primeiro se dá através do sistema de preços, quando a busca de renda gera um aumento do produto social, ao se traduzir como busca de lucro na produção. O segundo, diz respeito as formas restantes que, por ao não utilizarem o sistema de preços, são artificiais, ao não estimularem a produção[22] (FIANNI, 1998). Portanto, os recursos empregados por um potencial monopolista para a obtenção de renda econômica, através "(...) da transformação de uma situação anteriormente concorrencial em uma situação de monopólio, também fazem parte do custo do monopólio (FIANNI, 1998, p. 15). O que ocorre como consequência, é uma transferência do excedente dos consumidores na forma de renda apropriada pelo monopolista, conjuntamente com uma redução do excedente total, ocasionada pela redução do nível de produção, inerente ao monopólio.

Da mesma forma que grupos de interesse podem se mobilizar a fim de conseguir transferir parte do excedente dos consumidores, estes podem se organizar de forma a tentar evitar que o monopólio se estabeleça[23]. Assim, haveria também uma reação por parte de outro grupo, com interesses distintos do primeiro. Obviamente, no mundo real não existe a interação de apenas dois grupos de interesse, mas de vários. Cabe ao agente regulador determinar a quantidade de recursos despendidos nas ações, de tal forma que a perda social seja a menor possível.

No quadro 2 estão indicados os principais mecanismos de regulação, com respeito aos níveis onde o processo ocorre (interorganizativo e intraorganizativo), bem como ao objeto a ser regulado (social e econômico). Destarte, as formas de regulação podem ocorrer simultaneamente ou separadas, sendo sua ocorrência simultânea a forma usual. No âmbito intraorganizativo, a regulação cujo objeto é o social, dá-se através da cultura da sociedade, que pelos códigos morais, de conduta e de comportamento, vão restringir as ações dos indivíduos, estandardizando-as, de tal maneira que mesmo com as diferenças comportamentais, existe um padrão. Quanto ao interorganizativo, existem as restrições de acesso a determinados bens, lugares, eventos e situações, de tal maneira que o indivíduo social não pode escolher livremente, sendo portanto suas escolhas restringidas. Quanto ao objeto econômico, é justamente no nível interorganizativo que ocorre a regulação como forma de controle das atividades de uma firma em particular. As auditorias administrativas vão determinar o nível de cumprimento, por parte do pessoal empregado, das políticas da firma, assim como o controle do processo de produção vai determinar a maneira mais eficiente de se produzir, sempre sendo direcionado para a maximização de lucro.

No nível interorganizativo é que ocorre a regulação visando corrigir imperfeições do mercado. Existem dois objetivos básicos (POSSAS, 1997):

1. A regulação do mercado em geral, com objetivo de prevenir e repreender condutas anticompetitivas, denominando-se regulação reativa e

QUADRO 2
FORMAS DE REGULAÇÃO

	Intraorganizativo	Interorganizativo
Social (Atividades com impacto direto na população)	Regras de comportamento	Restrições de acesso
Econômico (Atividades do mercado)	Controle dos processos de produção Auditorias administrativas	Controle de ingresso e preço Políticas macroeconômicas Ações contra formação de trustes e monopólios

2. a regulação dos serviços públicos de infraestrutura, com caráter interventivo, sendo denominada como regulação ativa

O primeiro caso refere-se às ações tomadas como forma de estimular a concorrência. Esta é vista como sendo a melhor configuração do mercado possível, de tal maneira que nesta situação, há uma melhor distribuição dos recursos para a sociedade. As outras configurações não seriam desejáveis por tornarem esta distribuição imperfeita, devido a ocorrência de monopólio e/ou oligopólio e/ou truste, que implicam em perdas para a sociedade, devido ao alto custo social, principalmente devido a perda do peso morto do monopólio. Como o objetivo de qualquer negócio é que este resulte em lucros, obviamente as empresas do mesmo ou de outro setor industrial vão procurar fazer acordos (conluio), fusões e todo o tipo de prática que, mesmo espúria para a sociedade, resulte em lucros maiores, devido a um aumento de poder de mercado. No caso do Brasil, compete ao CADE fiscalizar as ações

33

das empresas de forma a manter o nível de concorrência o mais próximo do ideal, garantindo uma alocação dos recursos se não ótima, a mais próxima.

A regulação dos serviços de infraestrutura, que é chamada de regulação ativa, tem caráter distinto da reativa, na medida em que, apesar dos seus objetivos finais serem os mesmos, os métodos utilizados são diferentes. A regulação ativa não induz à concorrência, mas a substitui pela regulação, de forma que metas e mecanismos são implantados, visando garantir a interação entre concorrência e eficiência econômica, graças à presença de economias de escala e escopo existentes no setor. A regulação ativa ocorre através de uma agência reguladora, que deve fiscalizar os resultados das empresas do setor, aplicando sanções punitivas quando for necessário, bem como procurar promover a concorrência, não como fim, mas como meio de se atingir o maior grau de bem-estar social possível.

No âmbito da promoção da concorrência, a política aplicada busca influenciar a conduta dos agentes, assim como afetar os parâmetros estruturais. No caso das empresas estatais privatizadas, existem algumas práticas restritivas ao estabelecimento da concorrência, que devem ser levadas em consideração por parte do órgão regulador.

Duas motivações principais podem ser identificadas para que ocorra uma política de promoção da concorrência (FAGUNDES ET ALLI, 1998): em primeiro lugar, certas atitudes cooperativas entre firmas, tenham elas caráter vertical ou horizontal na cadeia, podem ter resultados negativos na eficiência do sistema econômico; em segundo lugar, as firmas podem adotar condutas que geram benefícios particulares, através do enfraquecimento da concorrência, ao praticar preços predatórios ou utilizar de contratos de exclusividade com fornecedores ou compradores, evitando assim a entrada de novos concorrentes.

O poder de mercado de cada firma é fator fundamental para que esta venha obter sucesso na busca da renda excedente do consumidor. Assim, as fusões e aquisições horizontais, representam uma maneira de se aumentar a participação de determinada firma em um mercado específico, procurando-se atingir uma situação de monopólio. No caso de empresas da mesma cadeia produtiva, pode ocorrer um aumento das barreiras à entrada, através de contratos de exclusividade entre compradores/vendedores, ou o surgimento de uma situação na qual outras empresas são impedidas de acessar determinado segmento de mercado já dominado. No caso de fusões e aquisições conglomeradas[24], estas podem ocorrer dada uma percepção de um entrante potencial. A empresa já estabelecida no mercado alvo, funde-se com a entrante, eliminando a ameaça de entrada, que iria impedir uma elevação de preços ou uma elevação da margem de lucro.

As práticas anticompetitivas, portanto, ocorrem basicamente através do aumento das barreiras à entrada e do surgimento de situações nas quais uma empresa impede o acesso das demais ao seu mercado[25]. Deve-se destacar principalmente as questões relacionados ao âmbito vertical da cadeia produtiva, quando os vendedores/compradores tem sua ação tolhida através de contratos de exclusividade. Um entrante, neste caso, teria seus custos aumentados, devido à impossibilidade de se utilizar a rede de distribuição/comercialização existente, assim como encontraria dificuldades em ganhar espaço em um mercado onde as relações entre os agentes já estão formalizadas. Ocorrendo uma fusão entre o entrante e uma empresa já estabelecida, pode ocorrer um aumento dos contratos de exclusividade, graças ao aumento do rol de mercadorias ofertadas, bem como o início da pratica de preços predatórios e estratégias de bloqueio de entrada de novas firmas (FAGUNDES ET ALLI, 1998).

Um caso extremo ocorre quando a empresa monopolista fornece insumos para seus rivais, de tal forma que é lícito afirmar que, provavelmente, esta irá tentar diminuir a competitividade dos seus concorrentes, através da diminuição da qualidade, bem como restringindo a acesso aos insumos, elevando os custos dos adversários.

Mercados Contestáveis e Desregulamentação

Desaparecendo as características de monopólio natural nos setores de infraestrutura, poderia se iniciar um processo de desregulamentação do setor. Partindo-se do pressuposto de que as empresas reguladas eram verticalmente integradas é preciso definir os segmentos de mercado que operam em condições de monopólio daqueles onde pode ser introduzida a concorrência (FAGUNDES ET ALLI, 1998). Retirando-se as barreiras institucionais à entrada de determinada indústria, testa-se o monopólio natural, ou ainda, verifica-se se este resiste à entrada de novas firmas, sem qualquer proteção legal.

O conceito de sustentabilidade de uma determinada estrutura de mercado, seja ela monopolística ou não, diz que um mercado pode ser considerado sustentável se "(...) nenhuma entrada potencial no mercado – dada a tecnologia, a produção e o vetor de preços – for lucrativa." (FAGUNDES, 1997, p. 7). No que tange à eficiência de um monopólio, quanto á maximização do bem-estar social, este o é somente a partir do momento que a entrada de um novo concorrente seja impedida pela política de preços vigente.

A perfeita contestabilidade de um mercado esta relacionada com a liberdade ampla e irrestrita de entrada e saída de qualquer firma. A partir daí, deve-se pressupor que (FAGUNDES, 1998): a) todos os participantes do mercado, assim como os entrantes potenciais, devem ter acesso igual à tecnologia de produção, b) inexistência de barreiras à entrada e retaliações por parte das firmas estabelecidas, c) ausência de custos irrecuperáveis[26]. Como conseqüência, nos mercados onde não houvesse sustentabilidade, deveria ocorrer a entrada de novos concorrentes.

Os setores de infraestrutura têm alguns problemas relativos à promoção da concorrência usuais. Sendo o investimento inicial para se estabelecer nos mercados de infraestrutura muito alto, a ausência de custos irrecuperáveis não ocorre. A partir daí, a simples retirada das barreiras institucionais à entrada, não garante que esta ocorrerá. Fatores endógenos ao mercado, já conhecidos pelos participantes tradicionais, como conhecimento das redes de distribuição, preferência dos consumidores e porte financeiro, facilitam a tomada de diversos comportamentos anti-competitivos. Assim, outras formas de intervenção, por parte da agência reguladora, devem ser tomadas.

A remoção das barreiras à entrada, porém, pode gerar ineficiências produtivas, a partir do momento que ganhos de escala e escopo estivessem sendo obtidos através da política de preços praticada, antes da desregulamentação. Nesse caso, a entrada de novos concorrentes apenas ocorreria nos segmentos onde o custo médio estivesse abaixo do preço, ou seja, nos setores onde a oportunidade de lucro fosse maior[27]. Assim, no caso específico do setor de telecomunicações, por exemplo, questões como a universalização de serviços ficaria comprometida, devendo esta ser promovida através de subsídios ou de outras formas, ocorrendo uma re-regulação.

O conceito de contestabilidade vem sido utilizado para revelar quais são os setores onde a concorrência pode vir a ocorrer naturalmente e onde deve ser estimulada, dando suporte à agência reguladora para definir as políticas de intervenção, para o incentivo da concorrência, que deverão ser utilizadas. Destarte, a utilização do conceito de *price cap* para reajustes do preço dos serviços prestados, monitoramento da qualidade, das condutas empresariais e das novas configurações do mercado, são fundamentais para que a agência reguladora possa estabelecer a forma pela qual ela irá regular o setor alvo.[28] O órgão regulador não pode, porém, tornar-se uma estrutura rígida, mas sim deve constantemente acompanhar o comportamento e o desenvolvimento das relações no mercado, fazendo desta maneira uma interação entre regulador e regulado mais eficiente.

Mudanças Tecnológicas e Regulação

A inovação tecnológica vem sendo considerada um fator fundamental na concorrência entre firmas, indústrias e mesmo entre regiões e países. Com o aumento da velocidade do desenvolvimento tecnológico, torna-se cada vez mais importante a ocorrência de um acompanhamento da tecnologia existente, como forma de se garantir uma inserção competitiva satisfatória. Quando uma firma desenvolve um produto que substitui outro, de forma que a preferência do consumidor se volte para o novo, ou quando uma nova técnica produtiva é descoberta, proporcionando uma redução nos custos, está ganhando poder de mercado. Os que conseguem se adaptar á nova forma, ou desenvolver outra que a substitua, sobrevivem. Aqueles que não, ao deixar de ter condições de concorrer, tendem a desaparecer.

O desenvolvimento de novas tecnologias é alvo de grandes investimentos e sua difusão é, mais das vezes, restrita, pois não é interessante para uma firma que seus concorrentes tenham acesso a uma nova tecnologia, que lhes garantirá um maior poder de mercado. Ainda, existe a questão do aprendizado, onde mesmo plantas com a mesma estrutura apresentam produtividades diferentes, graças aos diferentes processos de aprendizado cumulativo, mais um fator que contribui para a existência de assimetrias na capacidade de inovação. Destarte, os diferentes comportamentos e opiniões dos tomadores de decisão, acabam por influir na escolha do paradigma tecnológico a ser adotado.

O processo de geração e difusão de novas tecnologias, ocorre em três dimensões (DOSI, 1998b, pp. 1156-57, apud

39

POSSAS et alli, 1997): a) as assimetrias tecnológicas são o resultado das diferentes capacidades de inovação, que se refletem no êxito obtido, no uso de novos produtos e novos processos e consequentemente nas estruturas de custo; b) a variedade tecnológica, relacionada à adoção de diferentes tecnologias, baseada nas políticas de inovação das empresas e nos processos de aprendizado endógenos e c) a diversidade comportamental cuja origem remonta à racionalidade dos agentes, no que diz respeito aos diferentes critérios relevantes no processo de decisão.

No que diz respeito à dinâmica do mercado, a mudança tecnológica e a inovação, as estruturas de mercado são condicionadas pelas oportunidades, condições de apropriação das tecnologias existentes e cumulatividade, que geram diferenças competitivas, na capacidade de crescimento e consequentemente no lucro (POSSAS et alli, 1997). Torna-se mais difícil prever a evolução da forma pela qual a concorrência irá ocorrer, já que além das assimetrias baseadas na forma de utilização da tecnologia, o comportamento dos agentes econômicos não é homogêneo, pois se baseia em expectativas e impressões pessoais acerca dos resultados que podem ser obtidos através da adoção de determinadas políticas de investimento em novas tecnologias.

Conforme já visto anteriormente, um dos objetivos principais da regulação, além de proteger a sociedade de forma geral, é proteger a própria indústria de práticas concorrenciais desleais. De acordo com POSSAS (1999), cinco questões principais devem ser levadas em conta, para a adoção de políticas de regulação, levando-se em consideração o

40

aspecto tecnológico: a) o aparato regulador deve sempre implementar um padrão de ação mais reativo do que ativo, como forma de não inibir o inovador, devendo sempre ter um alto grau de flexibilidade; b) não sendo possível se determinar quais as inovações que se tornarão mais frutíferas, deve-se preservar uma diversidade de organizações com diferentes estratégias e capacitações. Da mesma forma, dada esta incerteza, o órgão regulador não deve escolher rapidamente uma alternativa tecnológica, sob a pena desta não se mostrar a mais eficiente no futuro; c) a avaliação da eficiência do mercado não deve se basear na noção de uma alocação ótima de recursos, mas sim incorporar metas de redução de preços, bem como de adoção de novas tecnologias; d) apesar de as tecnologias já conhecidas poderem trazer retornos crescentes, no curto prazo, novas tecnologias podem ser melhores do que as atuais. Assim, o órgão regulador deve incentivar a entrada de novas firmas, de tal forma que a diversidade de utilização da tecnologia seja estimulada e e) deve existir uma política de incentivo para que exista uma maior interconectividade entre os agentes, de tal forma que em setores como o de telecomunicações, a diversidade de tecnologias e das formas de empregá-la, não gere incompatibilidade.

CAPÍTULO 2
A EXPERIÊNCIA INTERNACIONAL DE REGULAÇÃO

Neste capitulo será feito um cotejo entre as estratégia regulatórias utilizadas por cinco países: Alemanha, Austrália, Canadá, Espanha e República Checa, como maneira de se poder verificar a experiência internacional em se regular a indústria de telecomunicações.

Alemanha

A agência reguladora alemã foi criada no dia 1º de janeiro de 1998, estando subordinada ao Ministério da Economia. Suas funções estão previstas na Lei de Telecomunicações (TGK), de 26 de julho de 1996 e na Lei Postal, de 22 de dezembro de 1997, sendo responsável pelas funções do antigo Ministério das Telecomunicações e Serviços Postais (BMPT), dissolvido no final de 1997. Da mesma maneira, a Secretaria para Serviços Postais e Telecomunicações (BAPT), que além das funções previstas pela Lei de Telecomunicações possui outras atribuições, também foi agregada pela agência reguladora. As principais funções desta última são: a) assegurar uma competição justa entre as empresas do setor; b) prover a cooperação técnica entre os provedores de serviços e prevenir a discriminação; c) levar em conta os aspectos econômicos e o avanço tecnológico no processo de regulação, a fim de promover progresso e crescimento do mercado.

A estrutura do mercado alemão pode ser dividida em cinco categorias: transmissão de dados via linhas (local, naci-

42

onal e internacional),[29] telefonia celular analógica, telefonia celular digital, outros tipos de comunicações móveis, como por exemplo telefonia via rádio e telefones públicos pagos.

A primeira categoria é aberta à qualquer empresa que queira entrar no mercado, tendo atualmente 49 operadores licenciados mais 37 revendedores. A maior companhia operadora é a Deutsche Telekom AG. Parcialmente privatizada em 1996, 22,7% das ações foram vendidas em oferta pública, 3,3% para os empregados e mais 13%, de propriedade do governo, foram vendidas para o Kreditanstalt für Wiederaufbau.[30] Até o final de 1997, a transmissão de voz ainda não estava totalmente liberalizada. Assim, a participação da Deutsche Telekom AG neste segmento era de 100%. De acordo com a agência alemã, porém, com a liberalização do setor, no período de Janeiro a Julho de 1998, a participação no mercado de telefonia nacional de longa distância da Deutsche Telekom AG havia sido reduzida para 88%, estando portanto 12% nas mãos de competidores.

Na telefonia móvel celular, o mercado está plenamente aberto, contando com cinco operadoras. Destas, quatro oferecem o serviço digital (uma ainda não está operando[31]) e uma o serviço analógico. De um total de 10,75 milhões de usuários, a Deutsche Telekom MobilNet GmbH, operando a banda Di, tem 4.2 milhões de assinantes, enquanto que a banda C (analógica) possui mais 0,5 milhão, tendo um total de 4,7 milhões de assinantes, detendo portanto uma participação de 44% do mercado. A Mannesmann Mobilfunk GmbH, operando a banda D2, possui 4,6 milhões de assinantes, ou 43% do mercado. A E-Plus Mobilfunk GmbH, que opera a banda Ei, possui 1,45 milhões de assinantes, ou 13,5% do mercado.

A regulação na Alemanha visa atender aos requisitos da União Européia. Assim, a liberalização plena de redes alternativas de transmissão de dados, assim como do setor de transmissão de voz e de infraestrutura básica, foram levadas a cabo com a implementação da Lei de Telecomunicações (TGK). Quanto ao acesso às redes locais de transmissão, a Deutsche Telekom AG é obrigada a prover acesso irrestrito aos seus competidores[32]. No que tange à propriedade ou participação de empreendimentos, por parte de indivíduos ou corporações estrangeiras, não há restrição alguma. Da mesma maneira, os operadores podem prover qualquer tipo de serviço (p. e. televisão a cabo, transmissão de dados via satélite, etc.), sendo que as restrições são as que dizem respeito à restrição de competição.

Não há, também, nenhuma restrição quanto ao uso de linhas alugadas, seja nacionalmente ou internacionalmente, assim como também revenda de linhas alemãs. Os reajustes tarifários, por parte de qualquer empresa com posição dominante no mercado, devem ser aprovados previamente pela agência reguladora. Neste respeito, as tarifas de interconexão entre as empresas provedoras de transmissão de dados via linha, dependem de negociações entre elas, devendo seus resultados serem submetidos à agência reguladora. Qualquer disputa entre um provedor e o de maior participação no mercado, nas negociações de interconexão, deve ser levada à agência, de tal maneira que se chegue a um acordo que não prejudique nenhuma das partes.

Em locais onde a provisão dos serviços universais[33] não estiver ocorrendo adequadamente, ou quando não existir incentivos para que ela exista, cada operadora licenciada que tiver no mínimo 4% de participação no mercado geográfico específico, ou tendo uma posição dominante, deve contribuir para a provisão destes serviços. Onde a agência concede compensações para a provisão dos serviços universais, cada operadora licenciada, detendo no mínimo 4% de participação no mercado, deve contribuir para esta compensação às obrigadas a prover o serviço universal. A taxação é calculada de acordo com a taxa de lucro da operadora licenciada, em relação ao lucro total das operadoras obrigadas a prover o serviço universal.

Por fim, qualquer operadora, que provém serviços diretamente ao público, que intencionalmente ou por negligência violar a Lei de Telecomunicações (TGK), deve compensar o usuário por qualquer problema causado por esta violação. É direito dos usuários iniciar ações para cessar a concessão de tal operadora.

Austrália

Para permitir um alto nível de regulação própria, a estrutura regulatória australiana envolve órgãos reguladores governamentais e privados. Assim, de um total de cinco organismos, dois são estatais e três de responsabilidade das indústrias (OCDEb, internet).

Por parte do governo, existe a Australian Competition and Consumer Comission (ACCC), responsável pela administração da política de competição da indústria de telecomunicações e pelo controle dos acordos de preço da Telstra; a

Australian Communications Authority (ACA), que reuniu a agência reguladora de telecomunicações australiana (AUSTEL) com a Spectrum Management Agency, responsável pelo gerenciamento do espectro das freqüências de rádio, pela administração das licenças outorgadas aos provedores, bem como administrar as questões técnicas relativas às telecomunicações, havendo intercâmbio de burocratas entre a ACCC e a ACA.

Do lado privado, funciona o Telecommunications Industry Ombudsman (TIO), escritório orientado para os consumidores individuais e para microempresas, que não podem resolver seus problemas diretamente com o setor de telecomunicações. O TIO serve de intermediário entre os queixosos e as empresas provedoras de serviços. Recentemente, foi dada autorização para o TIO negociar também com provedores de internet[34]. O Australian Communications Industry Forum (ACIF), foi criado para desenvolver e administrar os acordos técnicos e operacionais entre os operadores, de forma a promover os interesses de longo prazo dos usuários finais e a eficiência e competitividade internacional da indústria de telecomunicações australiana. O ACIF foi fundado e é financiado pela indústria de telecomunicações australiana, englobando todos os setores desta indústria. O Telecommunications Access Forum (TAF) foi implementado pela ACCC, para cumprir duas funções: promover a exposição dos serviços e submeter um esboço de um código de acesso para a aprovação da ACCC[35].

A estrutura do mercado australiano de telecomunicações tem sete segmentos: transmissão local de dados via linha, transmissão nacional de dados via linha, transmissão internacional de dados via linha, telefonia celular analógica, telefonia celular digital, outros tipos de comunicações móveis (p.e. CT-2, PCN, PCS, etc.) e telefones públicos pagos.

O setor de transmissão local de dados por linha, possui três operadores licenciados, o nacional dois e o internacional três, sendo livre a entrada de qualquer empresa interessada. O maior operador na Austrália é a Telstra, cuja propriedade pertence 67% ao governo e 33% ao setor privado. Em 1997, o volume da Telstra no mercado de transmissão de dados via linha é de 9,35 milhões de linhas de acesso local, 10,326 bilhões de minutos em chamadas de longa distância nacionais e 700 milhões de minutos em chamadas internacionais.

No campo da telefonia celular, a entrada no mercado é livre, sendo ao maiores operadoras a Telstra, a Optus e a AAPT.[36] Na categoria analógica, em 1998 foram falados 1.688.616.800 minutos, na digital 1.090.080.200 minutos e por satélite 5.900 minutos. Não houve nenhuma mudança significativa no regime regulador australiano, desde sua implementação em 1 de Julho de 1997. Algumas emendas foram feitas à Lei de Telecomunicações, alterando as obrigações das operadoras, de forma a existir uma maior cooperação com as agências reguladoras e para ajustar o regime de serviços universais. O governo australiano ainda, anunciou sua intenção de vender o que resta da sua participação relativa à Telstra.

Quanto as restrições relativas à propriedade por parte de indivíduos ou organismos estrangeiros, quando da venda de 1/3 da participação do governo, a participação internacional total ficou restrita a 11,667%,[37] sendo que a de individuais, ficou restrita a 1,6667%. O investimento estrangeiro no setor de telecomunicações, com exceção da Telstra, é determinado pela política geral de investimentos externos, de acordo com a Lei de Aquisições Estrangeiras[38]. De acordo com ela, propostas de investimentos que superem determinados limites, são objeto de aprovação pelo Foreign Investment and Review Board. As tarifas relativas aos usuários finais, devem ser aprovadas pelo ACCC. As tarifas de utilização das redes transmissoras de dados, seja por acesso inicial ou final, são fixadas por acordos comerciais entre as partes, por um operador de acesso ou, na falha das duas anteriores, por arbitragem da ACCC. Os provedores são obrigados a permitir aos outros acesso às torres de transmissão e aos equipamentos subterrâneos, de acordo com a legislação, assim como, também existe um regime de acesso para serviços especificados pelo órgão regulador. Se determinado serviço é especificado pelo regulador, um provedor de acesso deve, se for requisitado por um operador, permitir a interconexão de suas instalações, sendo os termos e as condições fixadas por acordo comercial ou, em alguns casos, arbitrariamente.

Para a provisão do serviço universal[39], de acordo com a Lei de Telecomunicações, a ACA deve fazer um cotejo referente a cada operador participante, com respeito à renda a ser taxada, o montante a ser pago e, se for o caso, o balanço de taxas devidas no ano contábil. Em relação aos provedores de serviço universal, a ACA faz um cotejo entre o custo total, caso exista, o balanço de arrecadação e se existir algum repasse a ser feito, naquele ano contábil, o montante a ser repassa-

48

do. Assim, existem encargos cobrados aos provedores de serviços universais, como forma de se suprir serviços básicos de telefonia em áreas onde não existe atratividade para ocorrer o investimento. Se o provedor de serviços universais tiver algum prejuízo em certas áreas, ao suprir estes serviços, pode receber um crédito para recompor suas perdas.

Canada

A agência reguladora canadense, Canadian Radio-television and Telecommunications Commission (CRTC), é uma agência federal independente, com poder *quasi-judicial*, sendo responsável pela supervisão e regulação dos provedores e operadores, de acordo com a Lei de Telecomunicações (OCDEc, internet). De acordo com esta lei, a CRTC é responsável pela regulação de preços, condições de serviços, aprovação de acordos comerciais relativos à interconexão de redes. Deve assegurar que os preços cobrados são razoáveis e que não ocorra concorrência desleal entre os operadores e provedores, de forma a não existir discriminação. O CRTC pode eximir de regulação certos serviços ou operadores/provedores, quando for considerado que há competição suficiente para proteger os usuários.

Conforme OCDEc, internet, o mercado de telecomunicações canadense está estruturado em sete segmentos de mercado diferentes: transmissão local de dados via linha, transmissão nacional de dados via linha, transmissão internacional de dados via linha, telefonia celular analógica, telefonia celular digital, outros tipos de comunicações móveis (p.e. CT-2, PCN, PCS, etc.) e telefones públicos pagos.

A transmissão local via linha é aberta à livre competição, contando com 9 provedores regionais, 50 operadores locais e 2 novos entrantes. Os provedores regionais, Bell Canada, BCTel, Telus, M.T.S., MT&T, NBTel, Island Tel e Newtel são todos privados, com exceção da SaskTel, que é controlada pelo governo de uma província. Dos 50 operadores locais, 37 são empresas regionais privadas, enquanto que 13 são propriedade do município em que operam. Quanto à transmissão de caráter nacional, esta é aberta à livre competição, contando com quatro provedores, AT&T, Sprint Canada, Canada LDS e Fonorola, sendo três privados. Existem ainda, 400 revendedores deste serviço, espalhados pelo país. Finalmente, a transmissão internacional é dividida em duas categorias: Canada/Estados Unidos e resto do mundo. A primeira categoria é aberta à competição, contando com 13 provedores nacionais, mais nove regionais. Quanto a segunda, esta constituiu-se de um monopólio até 1º de Outubro de 1998.

No que concerne a telefonia celular, existe um provedor nacional e nove regionais, tanto na categoria analógica como na digital, sendo o mercado considerado competitivo. Os quatro principais provedores detinham juntos, aproximadamente 87,5% do mercado, tendo a Cantel 1.369.600 assinantes em 1996 e 1.552.100 em 1997, a Bell Mobility com i.044.000 de assinantes em 1996 e 1.221.000 em 1997, a Clearnet com 59.303 assinante em 1996 e 151.912 em 1997 e finalmente a Microcell, que em 1996 possuía 2.030 assinantes e em 1997 contava com 65.667.

A Lei de Telecomunicações foi alterada em 1997 e em 1998 para atender à algumas mudanças no ambiente sócio-econômico. A abertura de competição, a nível local, no mercado de transmissão de dados por linha, a implementação de um subsídio variável, baseado na renda obtida nos serviços de longa distância, por todos os provedores, a fim de assegurar a disponibilidade do serviço telefônico residencial local, juntamente com o fim do monopólio das ligações internacionais que não para os Estados Unidos, da Teleglobe, foram as mudanças mais importantes registradas. Quanto as restrições de propriedade por parte de indivíduos e empresas estrangeiras, esta é limitada a uma participação de 20%. Assim, 80% das quotas com direito a voto devem pertencer ao capital nacional, bem como 80% da diretoria dos empreendimentos. Empresas que excediam este limite, e continuaram operando desde 22 de Julho de 1987, têm restrições quanto ao seu território de operação, sendo o caso da BCTel e da Quebec Telephone, cujo controle é de aproximadamente 51% da GTE Corporation. Finalmente, qualquer novo entrante deve contribuir para a manutenção dos serviços básicos de telefonia, assim como prover acesso aos telefones de emergência. Quanto as alterações tarifárias, esta se dá através do conceito de *price cap*, para os serviços básicos, não sendo aplicado aos serviços de longa distância e as tarifas praticadas por novos competidores nos mercados locais.

A interconexão entre as empresas é obrigatória, como forma de garantir o livre acesso entre os assinantes, tanto no nível local, como no de longa distância, assim como nos de comunicação sem fio. O custo de interconexão entre as companhias locais de ser o mesmo, da mesma forma que os operadores que dão origem a uma chamada, não são obrigados a compensar os custos dos que a finalizam, dentro de acessos locais já estabelecidos. Todos os operadores, ainda, são obrigados a prover os serviços de emergência, como conexão com a polícia, por exemplo.

A provisão de serviços universais (não existe na legislação canadense uma especificação sobre o que é ou não considerado serviço universal) é um dos objetivos principais da política de telecomunicações canadense. A universalidade dos serviços básicos é assegurada através da regulação das tarifas, assim como através de um sistema de subsídios cruzados para serviços de longa distância, comerciais, bem como de outros serviços especiais. O montante obtido com o excesso de rendimento destes serviços vem sido usado para subsidiar as tarifas pagas pelos usuários residenciais, particularmente nas áreas de alto custo operacional. Este sistema está sendo substituído com a regulação direta dos preços, juntamente com um sistema de subsídios variáveis, baseado somente nas taxas de contribuição dos operadores de chamadas de longa distância. Estes subsídios serão distribuídos aos operadores locais, baseados nas suas necessidades de subsidiação. Com o novo regime implementado em 1º de Janeiro de 1998, todos os operadores, sejam eles de serviços fixos ou móveis, que operem serviços de longa distância (dados e/ou voz), devem contribuir para um fundo para subsidiar o serviço básico residencial.

Espanha

A Comisión Nacional de las Telecomunicaciones é o órgão responsável pelo cumprimento da política de telecomunicações espanhola. Suas funções compreendem intermediar as disputas relativas à interconexão, supervisionar as licenças do setor de telecomunicações, supervisionar o cumprimento das metas de provisão de serviços universais, conceder licenças para a provisão de todos os tipos de serviços de telecomunicações, analisar as tarifas praticadas em serviços oferecidos por provedores/operadores com participação dominante no mercado, administrar o plano nacional de números telefônicos e administrar o fundo de serviços universais

O setor de telecomunicações espanhol é dividido em sete segmentos: transmissão local de dados via linha, transmissão nacional de dados via linha, transmissão internacional de dados via linha, telefonia celular analógica, telefonia celular digital, outros tipos de comunicações móveis (p.e. CT-2, PCN, PCS, etc.) e telefones públicos pagos. Existem restrições em todas as categorias. Na transmissão via linha local, nacional e internacional, o número de empresas é limitado a três, sendo este o número de operadores licenciados. Nestes segmentos, os três, Telefónica, Retevisión e Lince, são empreendimentos privados, sendo que o processo de privatização da Retevisión foi concluído no ano de 1998 (sendo a participação estatal de 30% até então).

O mercado de telefonia móvel celular analógica está limitado a um só provedor. A Miviline contava, no final do ano de 1997, com 1.100.595 assinantes ou com aproximadamente 25% do mercado de telefonia celular, cujo total era de 4.430.282 assinantes (analógico e digital). O final das atividades de telefonia móvel celular analógica está previsto para Janeiro de 2007. Quanto à telefonia móvel celular digital, a

53

configuração de mercado é de caráter duopólico. A Movistar contava, no final do ano de 1997 com 2.087.101 assinantes, tendo portanto uma participação de aproximadamente 47%, enquanto que a Airtel contava com i.242.586 assinantes ou 28% do total.

A Lei de Telecomunicações espanhola, implementada em 25 de abril de 1998, passou por uma adaptação em Setembro do mesmo ano, a fim de se torná-la mais abrangente. Assim, foram adotadas medidas visando a regulação da interconexão, das exigências para licenciamento, da provisão de serviços universais, das taxas e tarifas, bem como da configuração da infraestrutura do setor. Quanto a participação de capital estrangeiro, o Decreto Real 8/1997, prevê a necessidade de autorização preliminar para qualquer indivíduo ou empresa, que venha a obter um controle maior do que i0% do capital da Telefónica. Os entrantes devem contribuir para um fundo de provisão de serviços universais, de responsabilidade da Comisión del Mercado de las Telecomunicaciones (CMT). Na questão dos reajustes tarifários, estas são funcionam no regime de bandas, sendo a agência reguladora quem determina os patamares mínimos e máximos a serem praticados.

Os problemas relativos à interconexão, devem ser resolvidos através de acordos comerciais entre as partes interessadas. Caso haja necessidade, a Comision del Mercado de las Telecomunicaciones, em um prazo de seis meses, deve intermediar e resolver o problema. Todos os operadores e provedores com posição privilegiada no mercado devem tornar pública suas ofertas, assim como os preços referentes à interconexão.

De acordo com a Lei de Telecomunicações espanhola, são considerados serviço universais: serviço básico de telefonia (transmissão de voz e dados via linha) no âmbito local, nacional e internacional, serviço de consulta de números gratuito, telefones públicos, serviços especiais para deficientes.

Para garantir a provisão destes serviços, a Comisión del Mercado de las Telecomunicaciones, decidirá se a provisão dos serviços universais incorre em custos não cobertos pela receita. Se isso ocorrer, o operador calculará o custo de prover os serviços básicos, de acordo com os critérios da CMT. A partir daí será aprovada uma transferência de recursos, de um fundo específico, para cobrir os custos decorrentes da provisão destes serviços. Este fundo, administrado pela CMT, é financiado através de taxação sobre os operadores de redes públicas, bem como sobre os provedores de serviço de telefone público, baseada na proporção do mercado que cada empresa domina.

República Tcheca

A República Checa realiza a regulação do setor de telecomunicações através de três órgãos. O Ministério de Transporte e Telecomunicações, o Ministério das Finanças e o Conselho Checo para Rádio e Televisão. O primeiro é responsável: a) pela determinação das condições do sistema de regulação e sua legislação; b) pelos acordos internacionais; c) pela organização dos procedimentos básicos referentes aos serviços públicos; d) pela aprovação dos preços e dos termos e condições relativas à operação dos serviços de telecomunicação internacional; e) expedir as licenças para a implementação e o funcionamento das redes e serviços privados, bem como de outras atividades comerciais; f) executar a administração e inspeção estatal dos serviços de telecomunicações; g) tomar as decisões relativas aos procedimentos administrativos acerca das disputas envolvendo usuários e operadores das redes e dos serviços de telecomunicação. O Ministérios das Finanças é responsável pela aprovação dos preços, termos e condições para a implementação e operação dos serviços nacionais de telecomunicação. Finalmente, o Conselho Checo para Rádio e Televisão, é responsável pela emissão de licenças de transmissão de programas de rádio e televisão, seja por transmissões terrestres, via satélite ou via cabo, além de assegurar a fiscalização estatal na área de transmissão, incluindo as questões relativas ao espectro frequêncial.

O setor checo de telecomunicações é dividido em sete segmentos: transmissão local de dados via linha, transmissão nacional de dados via linha, transmissão internacional de dados via linha, telefonia celular analógica, telefonia celular digital, outros tipos de comunicações móveis (p.e. CT-2, PCN, PCS, etc.) e telefones públicos pagos. Como parte do programa de privatização vigente, certos setores responsáveis por determinados serviços, foram desagregados e estão sendo privatizados separadamente. A concessão de serviços compreende não somente permissões para operar as redes e os servidores de telecomunicações, bem como prover serviços de transmissão de dados e voz, bem como os serviços universais.

Com privatização da SPT Telecom, iniciada em 1º de Janeiro de 1994, 70% do controle acionário continuou com o governo, 26% foi transferido para investidores individuais, 3% para o Fundo de Restituição e 1% para o Fundo de Propriedade Nacional. Em 1995, a SPT Telecom, emitiu ações, sendo que 27% da montante do capital ampliado foi vendido para a Telsource N.V, um consórcio privado escolhido pelo governo, englobando a PTT Telecom Netherlands (51%), Swiss Telecom (49%) and AT&T (suporte e tecnologia). Assim, a propriedade da SPT Telecom, ficou distribuída da seguinte maneira: 51% para o Fundo Nacional de Propriedade, 27% para a Telsource N.V., i9% em fundos de investimento e investidores individuais e 3% com o Fundo de Restituição.

O mercado de transmissão de voz e dados por linha local é um monopólio. Com base na seleção feita em 1995, a Autorização para Provisão e Operação de Redes Locais Específicas (VMS), foi concedida para seis candidatos, com relação a 16 áreas de atuação, em adição aos dois projetos pilotos prévios. No decorrer do ano, foi acompanhado o cumprimento das metas específicas da licença concedida, bem como seus indicadores de qualidade, por todos os licenciados. Nenhum dos seis licenciados cumpriu as metas específicas, sendo que até 31 de Dezembro de 1997, nenhum havia iniciado a provisão de serviço algum de telecomunicações. Um dos licenciados, a Opatel, pediu o cancelamento da sua licença (VSM Opava). Quanto à provisão de transmissão de dados via linha em caráter nacional e internacional, o monopólio e da SPT Telecom, sendo prevista a abertura à competição até o ano de 2001.

A telefonia celular móvel analógica é monopólio da EuroTel Praha, uma associação estabelecida em i990. De acordo com a concessão, ela detém a exclusividade do serviço por 20 anos. A STP Telecom possui 51% da propriedade, sendo que a cota restante é de propriedade da Association Atlantic West BV, integrada pelas companhias norte-americanas Bell Atlantic International Inc. e pela US West International Inc.. No que diz respeito à telefonia móvel celular digital, o setor é duopólico, sendo operado pela Radio-Mobil e pela EuroTel Praha, ambas com concessões válidas por 20 anos, não havendo intenção de se expandir o número de licenças concedidas. Os dois operadores têm conseguido desenvolver seus serviços de forma satisfatória. Ambos oferecem cobertura para mais de 90% da população, sendo que a EuroTel fechou acordos de roaming com 59 operadores de 44 países, enquanto a RadioMobil fechou o mesmo tipo de acordo com 75 operadores de 52 países. O rápido desenvolvimento de ambos os operadores, resultou em um aumento do número de assinantes, bem como em uma melhora dos serviços prestados, como aumento da qualidade das redes, permitindo um maior número de acessos e conseqüente redução nas interrupções das chamadas.

A Lei de Telecomunicações checa e consequentemente as diretrizes regulatórias, tem como intenção estar de acordo com os estandares da União Européia, visto o país estar incluindo na primeira rodada de negociações para ascensão, de acordo com a Agenda 2000. Do mesmo modo, a regulação do setor visa acompanhar e adaptar-se às mudanças necessárias para acompanhar as tendências do mercado e do desenvolvimento sócio-econômico do país. Por fim, deve garantir o cumprimento dos objetivos acerca da liberalização do mercado de telecomunicações, com base nas diretrizes da Organização Mundial do Comércio, porém é vetada a entrada de qualquer novo competidor, em qualquer setor, até o ano 2000. Os reajustes de tarifas são permitidos, com base no conceito de *price cap*, apenas para os serviços de telefonia. A questão das tarifas de interconexão das linhas, é considerada uma questão passível de resolução através de negociações entre as partes interessadas.

Não há restrição imposta no que tange à participação de capital estrangeiro, seja de caráter individual ou corporativo. Da mesma forma, em relação a outros serviços (TV a cabo, pagers, etc.), cada empresa deve ater-se à provisão dos serviços previstos na sua licença, não havendo porém, nenhuma restrição quanto à possibilidade de se solicitar uma licença para a provisão de um novo serviço, bastando apenas solicitá-la de acordo com os procedimentos usuais. Possuidores de autorização para prover o serviço de arrendamento de linhas, com infraestrutura estabelecida e operando fora da rede nacional, podem prover um circuito nacional alternativo, apenas quando ambos os pontos finais estão dentro do território do país. Podem prover um circuito internacional, apenas quando um dos pontos finais está dentro do território do território nacional. Não podem conectar esta linha aos serviços de transmissão de dados e voz via linha, tendo a obrigação de garantir via contrato, que os usuários não revendam a capacidade arrendada para terceiros.

Finalmente, quanto à provisão de serviços universais, os princípios básicos estão previstos nas licenças concedidas a todos os operadores de serviços de rede fixa, como uma obrigação. Não há nenhum mecanismo estabelecido com o objetivo de auxiliar no financiamento desta categoria de serviços, porém os passos iniciais já foram dados.

Análise Comparativa

A Alemanha, o Canadá e a Espanha possuem apenas um órgão regulador para o setor de telecomunicações, com objetivos semelhantes, como a promoção da competição, a arbitragem das questões de interconexão, a concessão de licenças. A Austrália possui o sistema regulador mais peculiar e complexo, contando com cinco órgãos diferentes, sendo dois do lado governamental e três do lado privado, para existir uma interação maior entre regulador e regulado. Assim como os outros, os principais objetivos são os já citados anteriormente. A República Checa conta com três órgãos para regular o setor de telecomunicações, sendo os três governamentais. Dada a inclusão deste país na categoria de ascendente à União Européia, sua política regulatória visa atender aos estandares deste bloco econômico, assim com a alemã e espanhola.

O mercado alemão está totalmente aberto à entrada de novos participantes, assim como os mercados australiano e canadense. Os mercados espanhol e checo, são respectivamente limitado e monopolístico. Quanto ao que tange a restrição de propriedade estrangeira, os únicos países que não apresentam nenhum obstáculo são a República Checa e a Alemanha. Este país, juntamente com a Austrália, apresenta o controle mais rígido de suas tarifas, já que qualquer pedido de alteração tarifária, por uma empresa com grande poder de mercado, deverá ser analisado pelo órgão regulador alemão. No caso australiano, qualquer pedido, independentemente da

60

posição da empresa no mercado, deverá ser objeto de análise do órgão regulador.

Na questão de interconexão, com exceção do Canada, esta deve ser resolvida através de acordos comerciais entre as empresas, porém com supervisão do órgão regulador. No Canada, as tarifas devem ser as mesmas para todos, como forma de se promover a interconectividade entre todas as operadoras e *carriers*, sem exceção. Quanto aos serviços considerados básicos, houve uma variação, sendo a Alemanha o país que considera como básicos a gama maior de serviços (transmissão de voz, chamada com espera, transferência de chamada, conta especificada, especificação de tarifas e chamada de técnico para resolução de defeitos). A Austrália considera como serviços básicos a transmissão de voz e a provisão de serviços públicos, assim como a Espanha, que em adição considera como básica a provisão de serviços para deficientes. A República Checa considera como serviço básico apenas a transmissão de voz enquanto a legislação canadense não determina o que é básico ou não.

Com exceção da República Checa, que está preparando um fundo específico, todos os países preveem uma compensação às firmas obrigadas a prestar serviços univer sais em partes não lucrativas. A legislação alemã prevê que cada operadoras licenciada, com um mínimo de 4% de participação no mercado, de contribuir para que haja uma compensação àquelas obrigadas a prover serviços universais em áreas consideradas com baixa taxa de retorno do capital invertido. Na Austrália, se o provedor de serviços universais tiver

ALEMANHA

Responsabilidades da Agência Reguladora	Estrutura do Mercado	Restrições a Propriedade Estrangeira	Tarifas	Interconexão	Serviços Básicos	Serviços Universais
Competição Cooperação técnica Prevenir a discriminação Crescimento do mercado Garantir a qualidade	Totalmente aberto	Não	Qualquer pedido de alteração no regime tarifário, feito por uma empresa com posição dominante no mercado, será analisado pela agência reguladora	Acordo comercial entre as empresas, com supervisão da agência reguladora	Transmissão de voz Chamada em espera Transferência de chamada Conta especificada Tarifas especificadas Chamada de técnico	Cada operadora licenciada, detendo no mínimo 4% de participação no mercado, deve contribuir para que haja uma compensação às obrigadas a prover serviços considerados universais em locais com baixa taxa de retorno do capital invertido

AUSTRÁLIA

Responsabilidades da Agência Reguladora	Estrutura do Mercado	Restrições a Propriedade Estrangeira	Tarifas	Interconexão	Serviços Básicos	Serviços Universais
ACCC Concorrência e tarifas **ACA** Freq. de radiodifusão, licenças para operadoras e questões técnicas **TIO** Resolução de pendências entre clientes e operadoras **ACIF** Questões tecnológicas e operacionais **TAF** Expor serviços existentes e elaborar códigos	Totalmente aberto	Sim	Os regulamentos de alteração tarifária devem ser analisados pela ACCC	Acordo comercial entre as empresas, com supervisão da agência reguladora	Transmissão de voz Telefones públicos	Se o provedor de serviços universais tiver algum prejuízo em certas áreas, pode receber um crédito para recompor suas perdas, baseando-se na taxa de lucro das outras firmas

CANADA

Responsabilidades da Agência Reguladora	Estrutura do Mercado	Restrições a Propriedade Estrangeira	Tarifas	Interconexão	Serviços Básicos	Serviços Universais
Questões tarifárias Arbitrar as disputas relativas à interconexão Supervisionar as condições dos serviços prestados	Totalmente aberto	Sim	Regulação através de price cap, para os serviços básicos (residencial e comercial). Não aplicado aos serviços de longa distância e às tarifas praticadas por novos competidores nos mercados locais	As tarifas devem ser as mesmas para todas firmas, que devem se interconectar, sem exceção	Não há especificação na legislação canadense	Sistema de subsídios cruzados

ESPANHA

Responsabilidades da Agência Reguladora	Estrutura do Mercado	Restrições a Propriedade Estrangeira	Tarifas	Interconexão	Serviços Básicos	Serviços Universais
Controlar as tarifas						
Supervisionar das condições dos serviços prestados			A agência determina os preços máximos e mínimos que podem ser praticados	Acordo comercial entre as empresas, com supervisão da agência reguladora	Transmissão de voz (local, regional e internacional)	Operadores em desvantagem recebem compensações
Aprovar e se necessário arbitrar os acordos de interconexão	Número limitado	Sim			Telefones públicos	
Conceder licenças					Serviços especiais para deficientes	

REPÚBLICA CHECA

Responsabilidades da Agência Reguladora	Estrutura do Mercado	Restrições a Propriedade Estrangeira	Tarifas	Interconexão	Serviços Básicos	Serviços Universais
Ministério do Transporte e das Comunicações Regular o setor de telecomunicações Ministério das Finanças Aprovar preços e tarifas Conselho Checo para Rádio e Televisão Licenciar transmissores de rádio e televisão	Monopólio	Não	Regulação via price cap, apenas para os serviços de telefonia	Acordo comercial entre as empresas, com supervisão do Ministério do Transporte a das Comunicações	Transmissão de voz (telefonia fixa comutada)	Um fundo específico está em preparação

Fonte: Elaboração própria

algum prejuízo ao suprir estes serviços em determinadas áreas, pode receber uma compensação, baseada na lucratividade das outras firmas, da mesma forma que na Espanha, enquanto que no Canada é utilizado o regime de subsídios cruzados.

CAPÍTULO 3
O MODELO BRASILEIRO DE REGULAÇÃO

Na primeira parte deste capítulo será discutida a criação da ANATEL. Na segunda parte será traçado um panorama das questões regulatórias, tanto das já definidas como das não definidas. Finalmente se realizará um cotejo entre a estratégia de regulação brasileira e a internacional. A ANATEL, criada e regulamentada pela Lei Geral de Telecomunicações, constitui um marco, no que diz respeito à forma de regulação utilizada pelo governo, ao assumir o papel de regulador direto das atividades do setor de infraestrutura. A ANATEL é uma autarquia especial vinculada ao Ministério das Telecomunicações, com atribuições específicas, além da de concedente e gerenciadora dos contratos de concessão.

A formação de uma agência independente, caracterizaria uma instituição administrativa nova, o que não é previsto pela Constituição brasileira de 1988, porém, sua configuração procura garantir o maior grau de independência possível. De acordo com a legislação vigente, a agência reguladora brasileira deveria estar ligada a um órgão governamental, seja qual fosse. Assim, a Lei Geral de Telecomunicações previu que ela estivesse ligada ao Ministério de Comunicações. Como autarquia especial, possui independência administrativa, autonomia financeira e ausência de subordinação hierárquica, tendo seus dirigentes mandatos fixos e estabilidade. Nesta última questão, a demissão de um dirigente "(...) é dificultada, só se dará por processos administrativos ou judiciais."

(MOTTA, 1996, p. 6). A agência está estruturada em dois órgãos principais: o Conselho Diretor e o Conselho Consultivo.

O primeiro é composto por cinco membros, nomeados pelo presidente da República, com mandato de cinco anos, não sendo permitida a renomeação, sendo considerado o organismo principal da agência. Os primeiros conselheiros nomeados, Sr. Renato Guerreiro (presidente), Sr. Mário Leonel Neto, Sr. José Leite Pereira Filho, Sr. Luiz Francisco Tenório Perrone e o Sr. Antonio Carlos Valente da Silva, extraordinariamente, têm mandatos variáveis de três, quatro, cinco, seis e sete anos, não nessa ordem, como forma de haver um rodízio entre os conselheiros.[40] De acordo com o regulamento da agência, estes têm os mesmos direitos e vantagens que os secretários executivos dos ministérios, sendo vedada a representação de qualquer pessoa ou interesse junto à agência, até um ano após deixar o cargo, por sua parte. As sessões do Conselho Diretor são públicas, sendo que as decisões devêm ser aprovadas por maioria absoluta , não sendo permitida a abstenção por parte de nenhum conselheiro. Caso algum conselheiro peça vistas a um processo, terá o prazo de 30 dias para devolvê-lo. Caso ultrapasse este prazo, são suspensos seus vencimentos até que apresente seu voto.

O Conselho Consultivo, é considerado um órgão de participação institucional da sociedade, sendo composto por 12 membros (dois indicados pelo Senado Federal, dois pela Câmara dos Deputados, dois pelo Poder Executivo, dois pelas entidades de classe das prestadoras de serviços de telecomunicações, dois pelas entidades representativas dos usuários e dois indicados pelas entidades representativas da sociedade), cabendo a ele opinar sobre os atos e decisões do Conselho Diretor. A ANATEL possui ainda uma Corregedoria, uma Ouvidoria, uma Procuradoria e uma Biblioteca. O quadro funcional é oriundo do Ministério das Comunicações, do sistema Telebrás e de outros órgãos públicos. O Fundo de Fiscalização das Telecomunicações - FISTEL garante os recursos financeiros da agência (aproximadamente R$460 milhões em 1998), sendo este valor superior ao concedido as outras agências "(...) de modo a propiciar a desejada independência financeira" (ALMEIDA&CROSSETTI, 1997, p. 54). As atribuições da agência são de uma amplitude considerável.

Conforme os artigos 16º, 17º e 18º do Anexo 1 do Decreto nº 2338 de 07 de outubro de 1997, no que diz respeito ao atendimento do interesse público e ao desenvolvimento das telecomunicações brasileiras à ANATEL compete: a) representar o Brasil nos organismos internacionais; b) rever, periodicamente, os planos geral de outorgas e de metas para universalização dos serviços prestados em regime público; c) exercer o poder normativo relativamente às telecomunicações; d) controlar, acompanhar e proceder à revisão de tarifas dos serviços prestados; e) administrar o espectro de radiofreqüências e o uso de órbitas; f) expedir e extinguir autorização para prestação de serviço no regime privado, fiscalizando e aplicando sanções; g) expedir ou reconhecer a certificação de produtos, observados os padrões e normas por ela estabelecidos; h) realizar busca e apreensão de bens no âmbito de sua competência; i) deliberar na esfera administrativa quanto à interpretação da legislação de telecomunicações e sobre os casos omissos; j) compor administrativamente conflitos de

70

interesses entre prestadoras de serviço de telecomunicações, inclusive arbitrando as condições de interconexão; l) atuar na defesa e proteção dos direitos dos usuários, reprimindo as infrações e compondo ou arbitrando conflitos de interesse e m) exercer, relativamente às telecomunicações, as competências legais em matéria de controle, prevenção e repressão das infrações da ordem econômica, ressalvadas as pertencentes ao CADE.

Quanto ao exercício de seu poder normativo relativamente as telecomunicações, cabe à ANATEL: a) definir as modalidades de serviços; b) estabelecer, visando a propiciar competição efetiva e a impedir a concentração econômica no mercado, restrições, limites ou condições a empresas ou grupos empresariais quanto à obtenção e transferência de concessões, permissões e autorizações; c) disciplinar o cumprimento das obrigações de universalização e de continuidade atribuídas aos prestadores de serviço no regime público; d) estabelecer a estrutura tarifária de cada modalidade de serviço; e) disciplinar o regime da liberdade tarifária; e) definir os termos em que serão compartilhados com os usuários os ganhos econômicos do concessionário decorrentes da modernização, expansão ou racionalização dos serviços, bem como de novas receitas alternativas; f) definir a forma em que serão transferidos aos usuários os ganhos econômicos do concessionário que não decorram diretamente da eficiência empresarial e g) regulamentar a interconexão entre as redes.

Da mesma maneira, o governo, em relação à ANATEL, é responsável por: a) autorizar sua proposta orçamentária; b) aprovar o plano geral de outorgas; c) aprovar o plano

71

geral de metas para a universalização; d) autorizar empresas brasileiras a participarem de consórcios intergovernamentais; e) estabelecer o limite da participação do capital estrangeiro; f) instituir os serviços prestados em regime privado e g) nomear os cinco membros integrantes do conselho diretor.

Pode-se apreender, conforme acima, que o governo mantém uma posição importante, tanto na aprovação do plano geral de outorgas, que define, entre outras coisas, as áreas de concessão, o número de concorrentes e o tempo de entrada no mercado, como na definição dos serviços a serem prestados em regime público. Destarte, é inevitável "(...) que o governo ainda mantenha importantes responsabilidades – como a referente à decisão sobre a estrutura do mercado (...) especialmente devido a compatibilização com outras políticas governamentais (...)" (ALMEIDA & CROSSETTI, 1997, p. 56).

Programa de Investimentos

O programa dos investimentos a serem realizados no setor de telecomunicações é definido pelo Programa de Recuperação e Ampliação do Sistema de Telecomunicações e do Sistema Postal PASTE, que consiste em um plano de metas setoriais, tendo por objetivo capitalizar investimentos no setor de telecomunicações (RNT, junho/1997). Os investimentos devem ser distribuídos em cinco projetos, com relação à estrutura do Sistema Nacional de Telecomunicações: redes básicas, redes especializadas, redes de interligação, redes de acesso e sistemas integrados de operação e apoio, sendo que o PASTE previa originalmente, em 1995, o investimento de R$ 75 bilhões.

72

QUADRO 3
ATRIBUIÇÕES DA AGÊNCIA REGULADORA E DO GOVERNO FEDERAL

Agência reguladora	a) fixar e controlar a estrutura tarifária dos serviços prestados em regime, incluindo os critérios de reajuste (fazem parte do contrato de concessão), sendo que, após três anos, se a concorrência tiver um incremento tal, que exista a competição ampla e efetiva poder-se-á adotar um regime de liberdade vigiada b) propor ao Presidente da República as políticas e os planos setoriais c) aprovar cisões, transferência de controle ou qualquer alteração no capital das concessionárias d) controlar e penalizar quando for o caso, as infrações contra a ordem econômica (reservadas as funções do CADE) e) representar o Brasil nos órgãos internacionais de telecomunicações f) aplicar sanções administrativas g) adotar medidas de interesse público h) administrar o espectro de radiofrequência e o uso de órbitas i) exercer o poder concedente, aplicar e gerenciar os contratos de concessão no regime público j) interpretar a legislação em casos omissos l) expedir e reconhecer a certificação de produtos
Governo	a) autorizar sua proposta orçamentária b) aprovar o plano geral de outorgas **c) aprovar o plano geral de metas para a universalização; d) autorizar empresas brasileiras a participarem de consórcios intergovernamentais** e) estabelecer o limite da participação do capital estrangeiro f) instituir os serviços prestados em regime privado g) nomear os cinco membros integrantes do conselho diretor

Fonte: ALMEIDA & CROSSETTI, 1997, com base na Lei Geral de Telecomunicações.

Em 1997, houve uma revisão das metas do PASTE, devido ao seu impacto positivo (RNT, junho/1997). A participação do setor no PIB dobrou, passando de 0,7% em 1994 para 1,3% em 1996. A planta instalada, com respeito à telefonia fixa, cresceu, no mesmo período, 24%, chegando a 16,5 milhões de terminais instalados, de tal forma que a densidade telefônica do país passou de 8,4% de terminais para cada 100 habitantes em 1995, para 10,4 em 1996. Também por conta do programa, metade (50,3%) da planta já era digital em 1997. Na telefonia móvel celular, isso não ocorreu, apesar do crescimento de 350% dos terminais em serviço. A meta prevista era de 4,8 milhões de terminais em funcionamento, em 1996, porém apenas 2,7 milhões de terminais operavam, sendo esse fato justificado pelo atraso da entrada da banda B (RNT, junho/1997). Assim, o PASTE, foi redefinido, procurando-se tornar as metas mais realistas. As tabelas a seguir mostram os valores dos investimentos a serem realizados, bem como as metas e os índices do programa de expansão, já revistos pelo PASTE.

TABELA 1
PLANO DE INVESTIMENTO - VALORES POR PROJETO (R$ MILHÕES)

Programas	1997	1998	1999	1995-1999	2000-2003	Total
Redes de acesso	3,5	3	2,65	13,41	9,3	22,7
Redes de interligação	2,15	2,12	2,11	8,61	9,15	17,76
Redes básicas	4,96	4,58	4,38	18,65	18,51	37,16
Redes especializadas	1,33	1,19	1,11	4,64	4,07	8,71
Sistema integrado de operação e apoio	0,59	0,55	0,53	2,25	2,16	4,41
Total		12,54	11,44	10,78	47,56	43,19	90,75

Fonte: PASTE 1997 in ALMEIDA&CROSSETTI, 1997

TABELA 2
METAS DO PROGRAMA DE EXPANSÃO

Serviços	Unidade	1997	1998	1999	2003
Telefonia fixa	milhões de acessos	19,5	22,7	26,0	40,0
Telefonia móvel	milhões de acessos	6,0	9,1	12,0	23,0
Telefonia virtual	milhões de caixas	2,4	4,1	5,7	12,6
Telefone público	milhares de telefones	600	710	870	1,0
Comunicação de dados	milhões de assinantes	3,8	5,4	7,35	20,0
TV por assinatura	milhões de assinantes	3,5	5,7	7,0	16,5
Paging	milhões de assinantes	1,2	1,8	2,7	6,5
Trunking	milhões de acessos	150	350	530	1220

Fonte: PASTE 1997 in ALMEIDA&CROSSETTI, 1997

TABELA 3
METAS DO PROGRAMA DE EXPANSÃO

Serviços	Unidade	1996	1999	2003
Telefonia fixa	acessos/100 hab.	10,6	15,8	23,2
Telefonia móvel (geral)	acessos/100 hab.	1,7	7,3	13,4
Telefone público	telefones/100 hab.	2,7	5,3	10,5

Fonte: PASTE 1997 in ALMEIDA&CROSSETTI, 1997

O Modelo de Concorrência

O setor de telecomunicações brasileiro foi dividido em três áreas: telefonia fixa, telefonia celular e EMBRATEL. O primeiro foi dividido em três áreas de atuação: Tele Norte-Leste, Tele Centro-Sul e TELESP. O de telefonia celular em oito áreas de atuação: Tele Norte Celular, Tele Nordeste Celular, Tele Leste Celular, Tele Centro-Oeste Celular, Te-

75

lemig Celular, Tele Sudeste Celular, Telesp Celular e Tele Celular Sul.

A privatização do sistema TELEBRÁS, deu-se através de contratos de concessão, que passaram a ser o principal instrumento de relacionamento dos grupos privados com a sociedade brasileira, até o ano de 2005. De acordo com os contratos, a concessão só pode ser renovada uma vez por mais vinte anos, após um período inicial de cinco anos, não havendo restrições à participação de investimento estrangeiro, sendo porém restrita a propriedade cruzada das empresas.[41] Na primeira versão, a concessionária teria que pagar, anualmente, durante o período de prorrogação 2% de seu faturamento líquido. Devido às pressões feitas pelas operadoras do antigo sistema TELEBRÁS, as condições foram mudadas de tal forma que o pagamento deverá ser de 2% da receita, bianualmente, com base no faturamento do último ano antes da data do pagamento. A primeira parcela vence em 30 de abril de 2007, com base na receita de 2006. A multa para o atraso do pagamento é de 0,33% até 10% ao dia, acrescida da taxa referencial SELIC.

O regime de competição se estabeleceu na forma de empresas espelho para a telefonia fixa e na forma de duopólio para telefonia móvel, não havendo restrições quanto à participação de capital estrangeiro. As operadoras de telefonia fixa irão atuar em regime de monopólio, no que diz respeito aos serviços de telefonia local, até que as empresas espelho se estabeleçam. Quanto aos serviços de longa distância regional, desde o dia 3 de julho de 1999, a configuração do mercado passou de monopólio para duopólio, efetivamente, com o início da concorrência das operadoras regionais frente à EM-BRATEL. Está prevista a abertura total do setor a qualquer interessado, após o dia 31 de dezembro de 2001. Na transmissão internacional, a EMBRATEL ocupará uma posição de caráter monopolístico até a regulamentação deste segmento de mercado. Em relação à concessão de serviços de telefonia móvel a grupos privados, a Lei Geral de Telecomunicações restringiu a participação do capital estrangeiro a 49% do capital votante e 83% do capital total. O prazo de concessão é de 15 anos, sendo renovável por um período igual. O país foi dividido em dez áreas de concessão[42] e cada empresa pode operar em duas áreas (uma na região Sul ou Sudeste e outra nas outras regiões).

Problemas do Modelo

Conforme já exposto, o modelo de concorrência escolhido, parte do pressuposto que esta se dará via empresas espelho, para se configurar uma situação de duopólio, sendo aberto este segmento de mercado a qualquer interessado posteriormente. Conforme o edital publicado pela ANATEL, contemplando as mesmas regiões cobertas pelas concessionárias, não existe a obrigatoriedade dos candidatos apresentarem projetos contemplando toda a área geográfica, premiando aqueles que apresentaram o projeto mais abrangente. De acordo com as diretrizes estabelecidas, a proposta técnica, com área de cobertura, tem peso de 65%, enquanto que o preço ofertado pela concessão tem peso de 35%. Seguindo a lógica do modelo, será definido pelo mercado os lugares onde haverá competição, de tal forma que o mercado em algumas regiões pode continuar tendo características de monopólio.

Da mesma forma, fica a critério das empresas espelho definir a área dos municípios que irá atender. Assim, se a espelho preferir instalar suas linhas apenas nas regiões onde vivem as classes A e B, por exemplo, não encontrará nenhum dispositivo legal contrário. Ora, caso não haja nenhuma alteração, pode-se inferir que a competição se dará inicialmente nas classes sociais mais altas. Conforme artigo publicado no jornal mensal TELECOM, em novembro de 1998, os prováveis investidores reconhecem que esta é uma das razões que tornam atrativas as concessões das empresas espelho.

Outro fator importante, que caracteriza a fragilidade do modelo, foi o desinteresse dos investidores, por ocasião da apresentação das propostas para licitação das empresas espelho, no dia 11 de dezembro de 1998. Houve propostas apenas para as empresas espelho da EMBRATEL e da Tele Norte Leste. Dessas, apenas uma única proposta foi entregue relativamente à espelho da EMBRATEL, sendo que a espelho da Tele Norte Leste contou com duas propostas. Não houve interesse pela espelho da Tele Centro Sul e pela espelho da Telefônica. Apesar da exigência da presença igualitária de terminais em todos os estados da mesma área de exploração, a região III, por se constituir de um único estado (São Paulo), não era atingida por essa norma. Assim, a região mais rica do país, que poderia ser adquirida pelo preço mínimo, foi ignorada pelos investidores. A ANATEL prorrogou o prazo para essas duas regiões, sendo que em 19 de março de 1999, recebeu proposta de três empresas interessadas em disputar o mercado com a TELESP Participações S/A (Telefônica). A região II, recebeu 14 propostas, sendo dez delas para explorar toda a região, no dia 19 de julho de 1999.

Com relação à telefonia móvel, o edital não previu o tipo de tecnologia a ser utilizada. Como uma parte das operadoras escolheram a tecnologia TDMA e outras a CDMA, problemas relativos à falta de padronização ocorrem. As operadoras da banda B escolheram a primeira, enquanto que a maior parte das operadoras da banda A ficaram como a segunda. Isso faz que o *roaming* automático fique limitado somente à comutação de voz, sem grande parte dos serviços adicionais oferecidos pela tecnologia digital, nas regiões que não operarem com o mesmo padrão tecnológico.

A questão da propriedade cruzada, forma encontrada para coibir as fusões entre as empresas participantes nos primeiros anos, também é polêmica, por proibir troca de ações apenas entre as empresas provenientes do sistema TELE-BRÁS. Desta forma, a ANATEL deveria definir de maneira clara proibições referentes à aquisição das empresas espelho, por um mesmo grupo empresarial, como forma de manter a concorrência. Isso gerou problemas na área de telefonia móvel. Na área 1 e 2 (São Paulo) - banda B da região metropolitana - a RBS vendeu 7% das suas ações ordinárias para outros sócios. No interior, um dos sócios controladores nacionais da TESS, denunciou, junto à ANATEL, que teria vendido sua participação para a operadora sueca TELIA, o que foi proibido pelo edital. A LIGHTEL, registrou na Junta Comercial de São Paulo, a aquisição de 19,99% das ações da TELIA, negócio concretizado dois dias antes do pagamento pela concessão.

Na banda A, a Portugal Telecom, teria adquirido sozinha a concessão, porém a operação foi vista no mercado levando-se em consideração a participação cruzada da Telefônica no âmbito internacional, o que também tem validade no Brasil, o que não foi considerado pela ANATEL. Na área III (Rio de Janeiro e Espirito Santo), na banda B o grupo ALGAR, sócio majoritário da LIGHTEL, adquiriu 34,5% das ações em poder da empreiteira Queiroz Galvão, sendo que na banda A, o fato desta ter sido arrematada pela Telefônica, acarreta na obrigação da operadora se desfazer de suas operações no estado do Rio Grande do Sul, no prazo de 18 meses. Por sua vez, na área IV (Minas Gerais), a UGB e o Bradesco, sócios nacionais na banda B, querem se desfazer da sua participação, sendo que o Grupo Vicunha já se dispôs a fazer o mesmo.

Na área V (Paraná e Santa Catarina), na banda B, existem dúvidas em respeito à participação da operadora japonesa DDI, não se sabendo qual foi a injeção de capital ou se houve transferência de tecnologia. Na área VI (Rio Grande do Sul), na banda B, as parcerias entre a Bell Canada e a TIW estão com problemas, pois estas entraram em disputa no leilão da Telebrás. Na área VII (Centro-Oeste), como os sócios da banda B são os mesmos, os problemas da área VI se repetem. No caso da área IX (Bahia e Sergipe), se repetem, na banda B, os mesmos problemas da área IV e na área X (Nordeste), se repete o caso da área I.

Na telefonia fixa, a Tele Norte Leste teve sua estrutura acionária bastante alterada logo após o leilão, com o ingresso do BNDESPar, dos fundos de pensão liderados pela PREVI e do Grupo La Fonte. Esse grupo já tem participação acionária em duas operadoras da banda B (áreas VI e VII).

Os participantes da Tele Centro Sul (TELECOM Itália e Banco Opportunity) afirmam que não há contrato de acionistas, de tal forma que a operadora italiana pode ingressar em outra área de concessão, ou mesmo disputar uma empresa espelho.

Interconexão

Conforme o artigo 146 da Lei Geral de Telecomunicações, interconexão é "(...) a ligação entre redes de telecomunicações funcionalmente compatíveis, de modo que os usuários de serviços de uma das redes possam comunicar-se com usuários de serviços de outras ou acessar serviços nela disponíveis." A legislação prevê que a interconexão entre as operadoras deverá ser obrigatória, devendo existir o acesso não discriminado dos clientes dos concorrentes, como forma de se evitar o conluio entre algumas operadoras. Em caso contrário, são previstas multas de até R$ 50 milhões. Em uma situação de concorrência, cresce a importância da interconexão, devido aos interesses das empresas, bem como pelos conflitos que podem ocorrer.

No Brasil, a interconexão deve se dar através de acordos entre as partes interessadas. Caso não se chegue a um acordo, a ANATEL deve arbitrar as disputas. Apesar de ser uma questão técnica, a interconexão de todas as redes é fundamental para que o modelo de competição funcione adequadamente. A questão da interconexão é uma das mais complexas de se resolver, devido à dificuldade de se estimar os custos e de se dividir as receitas. Foi estabelecido o dia 26 de março como sendo o prazo final para a entrega dos contratos, assinados, de interconexão entre as operadoras, visto que a concorrência em chamadas de longa distância iniciou no dia 3 de julho de 1999.

Na data prevista para a entrega das propostas, apenas a Tele Norte Leste havia assinado contrato com a EMBRATEL. As demais operadoras e a *carrier* deixaram seus embates serem resolvidos através da arbitragem da ANATEL. Porém, ante a possibilidade de punições, a Telefônica e a Tele Centro Sul resolveram assinar seus contratos com a EMBRATEL. A Telefônica e a *carrier* já estavam, desde dezembro de 1998, disputando judicialmente a questão de interconexão. Os pontos principais da disputa entre a operadora espanhola e a *carrier* foram (TELECOM, abril/1999): a) a forma pela qual o repasse da concessionária local à *carrier* deveria se dar (pelo faturado ou pelo arrecadado); b) se os enlaces de interconexão deveriam ser arcados pela operadora local e c) se a validade da portaria 033/98, que estabeleceu novas regras de remuneração do uso de redes, substituindo a partição de receitas pelo pagamento do uso da rede, deveria ser considerada a partir de abril ou julho de 1998.

O resultado desta disputa iniciada em dezembro de 1998, entre a Telefônica e a EMBRATEL, acabou por definir critérios mais claros, que tiveram impacto em todas as concessionárias. Assim, ficou decidido que o valor repassado à *carrier* deve ter como base, o valor arrecadado e não o faturado, da mesma forma que, por ocasião do recebimento de atrasados de clientes inadimplentes, a multa e os juros devem ser repassados à *carrier*. A respeito dos enlaces de interconexão, decidiu-se que estes não fazem parte da rede local, de tal forma que devem ser negociados pelas empresas. Finalmente entendeu-se que a portaria, apesar de ter sido publicada em julho, tinha validade retroativa ao mês de abril.

No campo da telefonia móvel, especificamente na banda B, quatro contratos assinados antes da publicação da nova regulamentação terão que ser revistos, frente às novas regras, de tal maneira que não será permitido na uma operadora celular assinar um único contrato e operar com todo o país. Na banda A, ao contrário da banda B, cuja concessão engloba toda sua região, a ANATEL entende que as concessões foram outorgadas à empresas, de forma que dentro de uma mesma região geográfica, podem existir várias concessões (TELECOM, março/1999). Isso acarreta que, caso um cliente da banda B queira falar com outro celular em sua área de concessão, irá se responsabilizar por todo o tráfego de seu assinante na banda A , tendo daí um custo adicional.

Tarifas

De acordo com os contratos de concessão, as quatro empresas de telefonia fixa oriundas do sistema Telebrás, ficam subordinadas ao controle tarifário de seu plano básico[43] de serviço, enquanto que as espelho não possuem nenhuma restrição nesse sentido. Os planos de serviço das duas concorrentes, porém, devem ser apresentados à ANATEL, para serem aprovados previamente à sua implantação. De acordo com a legislação, as empresas espelho podem repassar, antes de um ano, a correção inflacionária, com base no IGPdi, porém, as operadoras só podem pedir revisão tarifária a cada 12 meses. É prevista também a utilização da inclusão dos ganhos de produtividade no cálculo das tarifas, na forma de *price cap*.

O reajuste de tarifas só foi permitido 12 meses após a assinatura dos contratos de concessão, acompanhando a inflação do período. No caso das ligações interurbanas e internacionais, estas deverão sofrer uma redução, respectivamente de 2 e 5% no ano de 1999. Quanto às ligações locais, estas passam a ter uma redução de 2%, a partir do ano 2001. As tarifas serão diminuídas até o ano de 2005, quando se encerra o prazo dos contratos de concessão vigentes. A escolha da adoção de redutores diferenciados, em períodos distintos, deve-se à questão dos subsídios cruzados ainda existentes no setor. Depois deste ano, novos contratos serão assinados, porém com um prazo de validade de vinte anos, sendo que a partir daí, novas regras serão estabelecidas.

Ainda podem existir planos alternativos, desde que previamente aprovados pela ANATEL, onde as empresas podem acabar com as franquias dos pulsos, eliminar a cobrança de habilitação ou conceder qualquer tipo de vantagem ao usuário.

Universalização

A garantia da provisão dos serviços universais em um país como o Brasil é de fundamental importância, dadas as diferenças de caráter sócio-econômico existentes. [44] Assim, pretende-se conciliar o atendimento universal, com a concorrência efetiva realizada pelas operadoras. O mercado de telecomunicações apresenta diferenças significativas, quanto à rentabilidade dos serviços, em um mesmo ou em diferentes mercados geográficos.

TABELA 4
PROGRAMAÇÃO DE REAJUSTE TARIFÁRIO DA TELEFONIA FIXA

Categoria	Reajustes previstos
1998	Não houve reajuste tarifário
Local	reajuste anual pelo IGPdi, da FGV, até 31/12/2000 de 01/01/2001 até 31/12/2003 - reajuste anual pelo IGPdi, com redução de 2% de 01/01/2004 até 31/12/2005 - reajuste anual pelo IGPdi, com redução de 4%
Longa distância nacional	até 31/12/2000 - reajuste anual pelo IGPdi, com redução de 2% de 01/01/2001 até 31/12/2003 - reajuste anual pelo IGPdi, com redução de 4% de 01/01/2004 até 31/12/2005 - reajuste anual pelo IGPdi, com redução de 5%
Longa distância internacional	até 31/12/2000 - reajuste anual pelo IGPdi, com redução de 5% de 01/01/2001 até 31/12/2003 - reajuste anual pelo IGPdi, com redução de 7% de 01/01/2004 até 31/12/2005 - reajuste anual pelo IGPdi, com redução de i0%

Fonte: ANATEL

Como os serviços mais rentáveis, nos mercados mais atraentes são os que, certamente, serão privilegiados, o artigo 79, parágrafo 10 da Lei Geral de Telecomunicações, prevê o acesso a qualquer pessoa aos serviços de telecomunicações, independentemente da sua localização e de sua condição só-cio-econômica. As metas de universalização iniciais tiveram de ser reavaliadas, como forma de se corrigir algumas distor-ções e obrigações que foram consideradas demasiado difíceis de serem atingidas. Porém, segundo declarações do presidente da ANATEL, as novas metas continuam superiores ao desempenho das empresas estatais.

A forma pela qual o financiamento da universalização deverá ocorrer, ainda não está definida, sendo várias alternativas cogitadas. O financiamento da provisão de serviços universais, poderá ocorrer através do orçamento do Estado, fundo de universalização, subsídio cruzado entre serviços ou entre segmentos de usuários e/ou pagamento de serviços de interconexão. O projeto que criava o fundo de universalização (FUST) e o fundo de ciência e tecnologia (FUNTELL) passou por um período de reavaliação, pois o ministro das comunicações, Sr. Pimenta da Veiga, não tem certeza acerca das vantagens que a criação destes fundos traria à sociedade (TELECOM, janeiro/1999). A Lei Geral de Telecomunicações prevê a criação dos fundos, porém o ministro prefere interpretar a lei de tal maneira que não existiria obrigatoriedade na questão, tal como as empresas defendem. Deve-se lembrar que quando os preços de venda das empresas do sistema TELEBRÁS foram estipulados, descontou-se os custos do cumprimento das metas de universalização. Dessa forma, é a sociedade que acaba sendo onerada pelas metas estabelecidas. Dado o caráter de austeridade que o Estado vem procurando imprimir às contas públicas e dada a dificuldade em se criar um fundo específico à universalização, é lícito presumir que as metas de universalização serão cumpridas, a curto prazo, com a utilização se subsídios cruzados entre serviços e/ou com as tarifas de interconexão.

TABELA 5
METAS FÍSICAS PROPOSTAS E ATINGIDAS

Estado	Terminais instalados em 1997	Meta para 1999	Diferença a ser atingida
Acre	48.830	69.000	20.170
Alagoas	152.950	191.000	38.050
Amapá	43.679	63.700	20.021
Amazonas	167.839	275.900	108.061
Bahia	809.856	1.140.000	330.144
Ceará	578.131	630.000	51.869
Distrito Federal	666.251	817.200	150.949
Espírito Santo	294.970	467.000	172.030
Goiás	533.499	650.000	116.501
Maranhão	190.844	350.200	159.356
Mato Grosso	245.829	339.600	93.771
Mato Grosso do Sul	237.284	320.000	82.716
Minas Gerais	2.155.367	2.844.200	688.833
Pará	282.862	445.700	162.838
Paraíba	206.350	318.400	112.050
Paraná	1.178.784	1.600.000	421.216
Pernambuco	431.543	580.000	148.457
Piauí	147.685	222.900	72.215
Rio de Janeiro	2.068.660	3.024.600	955.940
Rio Grande do Norte	173.468	222.900	49.432
Rio Grande do Sul	1.161.900	1.550.000	388.100
Rondônia	80.940	143.300	62.360
Roraima	80.840	50.000	-.-
Santa Catarina	648.764	860.000	211.236
São Paulo	6.104.670	8.596.300	2.491.630
Sergipe	94.114	148.600	54.486
Tocantins	incl. Telegoiás	79.600	-.-
Total Brasil		26.000.100	7.165.431

Fonte: ANATEL

Proteção à Tecnologia Nacional

O artigo 15.8 dos contratos de concessão estabelece que, sendo oferecidos em condições equivalentes (preço, prazo e qualidade) aos importados, as concessionárias devem dar preferência aos produtos de tecnologia nacional, como forma de proteção à indústria brasileira. A legislação prevê que as empresas devem apresentar sua lista de fornecedores preferenciais nos vários segmentos de mercado (*short lists*). Conforme a regulamentação do artigo i5.8, as operadoras são obrigadas a informar, em suas páginas da internet, as compras que vão realizar, a fornecer as informações solicitadas por todos os interessados e a justificar, às empresas que participaram do processo, os motivos da escolha de um determinado fornecedor. Caso alguma empresa nacional se sinta prejudicada, pode recorrer à ANATEL, que deverá investigar a questão. Caso fique comprovado que houve discriminação, a operadora poderá ser punida, com uma multa de até R$ 30 milhões.

Questões Indefinidas no Quadro Regulador

A Lei Geral de Telecomunicações, apesar do cuidado com o qual foi elaborada, pecou por deixar em aberto questões consideradas fundamentais para o funcionamento do modelo concorrencial escolhido. Apesar de competição e universalização serem consideradas palavras chave, caso a agência reguladora não seja mais rigorosa no momento de se regulamentar as questões conflituosas, podem haver problemas na manutenção do modelo. A questão da propriedade cruzada entre empresas não foi considerada. Isto pôde ser visto na questão da propriedade cruzada entre a Portugal Telecom e a

Telefônica. Da mesma forma, as restrições à atuação de um mesmo grupo empresarial nas diferentes áreas de telecomunicações[45] são tímidas, permitindo que um mesmo grupo atue em áreas diferentes em seguimentos diferentes, prejudicando a competição.

Omite ainda o campo de atuação das empresas de comunicação de massa, deixando oportunidade para estas empresas se inserirem em outras áreas do setor de telecomunicações, de tal maneira que estas podem vir a ter um grande poder no setor de forma geral, prejudicando a manutenção do quadro concorrencial. Não existe nenhuma lei específica para a criação do fundo de universalização. Como pôde ser visto antes, os cinco países escolhidos como amostra da experiência internacional em regulação, têm alguma forma de financiamento da universalização. A mais freqüente ocorre através de um fundo específico, sendo que pode ocorrer através de subsídios cruzados. Sendo a universalização um dos conceitos básicos para a manutenção do modelo concorrencial adotado, a falta de clareza sobre esta questão é um fator negativo em sua aplicação. Caso não se regulamente esta questão, as empresas passam a ter subsídios para alegar o não cumprimento das metas de universalização, causando uma externalidade negativa para a sociedade.

Principais Ações da ANATEL

A ANATEL intensificou a fiscalização no setor, a partir do presente ano (TELEBRASIL, março/abril, 1999). As ações mais relevantes podem ser divididas em duas: a) ações que afetam diretamente o público e b) ações que afetam diretamente as empresas. No primeiro caso, deve-se destacar o veto aos aumentos das tarifas e a obrigação das empresas ressarcirem os usuários prejudicados com os planos de expansão pendentes. Quanto ao aumento de tarifas, mesmo recebendo pressões por parte das operadoras, a ANATEL resolveu manter o plano de tarifas anteriormente descrito neste trabalho.

Quanto aos planos de expansão pendentes (pagos e não entregues cm 24 meses), as operadoras (Telefônica, Telerj, Telepará, Telpe, Teleamapá, Teleacre e CRT) devem ter urna perda de receita da ordem de até R$ 5i,6 milhões, decorrente das penalidades aplicadas. A agencia optou por beneficiar os usuários, de tal forma que as operadoras estão obrigadas a fornecer caixas postais eletrônicas de voz, bem como cartões telefônicos gratuitamente na proporção do seu atraso na entrega dos telefones não instalados. Após a instalação das linhas, os clientes ficarão isentos do pagamento da taxa de instalação e de assinatura mensal pelo mesmo período correspondente ao atraso na entrega do plano (TELEBRASIL, março/abril 1999).

Quanto aos problemas relativos ao início da concorrência nas chamadas de longa distância, o presidente da República estabeleceu um prazo de 72 horas para que as operações voltassem á normalidade. A agência determinou que as chamadas realizadas logo no período seguinte de implantação do sistema, enquanto os problemas duraram, não fossem cobradas dos usuários.

Para o mercado, as decisões mais relevantes dizem respeito à ênfase dada na participação de fornecedores nacio-

TABELA 6
EVOLUÇÃO DOS PLANOS DE EXPANSÃO VEN-
CIDOS

Empresa	Dez.98	Jan.99	Fev.99	Mar.99
Telerj	119.820	99.918	75.378	20.449
Telesp	137.174	118.336	96.164	17.874
Telpe	5.180	0	0	0
Telepará	8.037	12.559	10.443	5288
Teleacre	18	18	0	0
Teleamapá	163	44	20	0
CRT	0	0	0	0
TOTAL	270.392	230.875	182.005	43.611

(*) Atendimento dos PEX antes do prazo previsto de vencimento.
Fonte: ANATEL.

nais nas *short lists*, através da regulamentação do artigo i5.8 da Lei Geral de Telecomunicações. A questão da proteção da tecnologia nacional não estava sendo cumprida por parte das operadoras e da *carrier*. Desta forma, a ANATEL se viu obrigada a regulamentar a questão, como forma de garantir a utilização de produtos nacionais. Da mesma forma, a agência tem controlado as questões de controle acionário das empresas. Para isso a ANATEL estabeleceu um convênio com a CVM, como forma de aumentar o controle sobre a real composição acionária das empresas no setor. A Tele Norte Leste, a CRT, a TESS e a ATL já estão envolvidas em casos escusos avaliados pela agência.

CONSIDERAÇÕES FINAIS

O Estado brasileiro, devido ao modelo de desenvolvimento escolhido, não possui uma grande experiência em regular os serviços públicos de caráter privado, caracterizados pelos setores de infraestrutura. Desta forma, deve-se comparar a experiência de outros países com a brasileira, como maneira de se poder avaliar a proposta nacional, partindo-se do princípio que, os outros países onde a regulação ativa ocorre já a mais tempo, já tiveram oportunidade de aprimorar o sistema regulador e já adquiriram certa experiência[46], podendo sua prática servir de modelo para se contrapor a proposta brasileira. A seguir será feita, então, uma comparação entre a estratégia internacional e a brasileira em sete aspectos: a) responsabilidades da agência reguladora; b) estrutura de mercado; c) restrições à propriedade estrangeira; d) tarifas; e) interconexão; f) serviços considerados básicos e g) universalização.

Todas as agências, inclusive a brasileira, com exceção da agência checa, têm como preocupação principal a questão da defesa da concorrência. Para a garantia desta questão, estabeleceram de forma precisa, os mecanismos pelos quais se incentiva a manutenção da concorrência. No Brasil, questões importantes, como as relativas ao controle acionário das empresas e financiamento da universalização, foram deixadas para serem resolvidas posteriormente ao aparecimento do problema, comprometendo a agilidade da implementação plena do modelo de concorrência. A Alemanha, o Canada e a Espanha, com um órgão regulador para o setor de telecomunicações, assim como o Brasil. Nestes países, os objetivos principais são a promoção da competição, a arbitragem das questões de interconexão, a concessão de licenças. A Austrália, conta com cinco órgãos diferentes, sendo dois do lado governamental e três do lado privado, para existir uma interação maior entre regulador e regulado, o que é tentado pela ANATEL através da interação entre o Conselho Diretor e o Conselho Consultivo, além da abertura à consulta pública da suas decisões. A República Checa conta com três órgãos para regular o setor de telecomunicações, sendo os três governamentais. Dada a inclusão deste país na categoria de ascendente à União Européia, sua política regulatória visa atender aos estandares deste bloco econômico, assim como a alemã e espanhola.

O mercado alemão está totalmente aberto à entrada de novos participantes, assim como os mercados australiano e canadense. Os mercados espanhol e checo, são respectivamente limitado e monopolístico. O Brasil optou por configurar, inicialmente, o mercado na forma de empresas espelho para o segmento de telefonia fixa comutada e duopólio para o segmento de telefonia móvel. Posteriormente o mercado deverá ser aberto à concorrência total, sendo livre a entrada de qualquer interessado.

As questões relativas ao intercâmbio acionário entre as empresas é alvo de algum controle, para se evitar fusões e outras práticas restritivas á concorrência. O Brasil esperou que se iniciassem os problemas para que houvesse o início de um controle mais rígido nesta questão. Este país, juntamente com a Austrália, apresenta o controle mais. rígido de suas tarifas, já que qualquer pedido de alteração tarifária, por uma empresa com grande poder de mercado, deverá ser analisado pelo órgão regulador alemão. No caso australiano, qualquer pedido deverá ser objeto de análise do órgão regulador. A ANATEL, porém não levou em consideração a questão da propriedade cruzada, como no caso da Portugal Telecom, que conta com participação acionária da Telefônica, que arrematou a banda A em São Paulo. Desta forma, a Telefônica explora, mesmo que de forma indireta, dois segmentos de mercado em uma mesma região, o que é proibido pela legislação.

No que diz respeito à restrição de propriedade estrangeira, os únicos países que não apresentam nenhum obstáculo são a Alemanha e a República Checa. Todos os outros, inclusive o Brasil apresentam alguma restrição com forma de proteção ao capital nacional. A Austrália, quando da venda da sua participação no setor, limitou a participação internacional no total em 1,666%, sendo a participação de individuais limitada em 1,6667%. A legislação canadense restringe a propriedade estrangeira, tanto de individuais como de empresas, em 20%. Desta forma, 80% das quotas com direito a voto devem permanecer ao capital nacional, bem como 80% da diretoria dos empreendimentos. Na Espanha, qualquer empresa ou indivíduo estrangeiro que venha adquirir uma participação acionária maior que 10% no capital da Telefónica, deve ter uma autorização preliminar. A legislação brasileira prevê uma restrição do investimento estrangeiro da ordem de 49%, no setor de telefonia móvel, sendo livre o segmento de telefonia fixa comutada.

A Alemanha, assim como a Austrália, apresenta o controle mais rígido de suas tarifas. No primeiro país, qualquer pedido de alteração tarifária, por uma empresa com grande poder de mercado, deverá ser analisado pelo órgão regulador. No caso australiano, qualquer pedido deverá ser objeto de análise do órgão regulador. O Canada optou pelo sistema de *price cap* para os serviços básicos residencial e comercial, não sendo aplicado aos serviços de longa distância, nos quais se supõe a existência de concorrência. Os novos competidores têm liberdade para determinar as tarifas que irão praticar. A Espanha utiliza uma espécie de banda tarifária, com um piso mínimo e um teto máximo tarifário que as empresas podem praticar. Na República Checa, o *price cap* é utilizado apenas para os serviços de telefonia.

O Brasil optou por fixar os aumentos que ocorrerão, seguindo um cronograma determinado. Os reajustes se darão com base no IGPdi, subtraindo-se um índice de diminuição tarifária. Ainda está sendo cogitada a possibilidade de se adicionar os ganhos de produtividade, como forma destes ganhos serem repassados aos consumidores dos serviços. Na questão de interconexão, com exceção do Canada, esta deve ser resolvida através de acordos comerciais entre as empresas, porém com supervisão do órgão regulador. Caso exista algum problema, a agência pode arbitrar e decidir a questão favorecendo uma das partes envolvidas. No Canada, as tarifas devem ser as mesmas para todos, como forma de se promover a interconectividade entre todas as operadoras e *carriers*, sem exceção e como forma de se evitar problemas maiores, que podem ocorrer devido à dificuldade em se estimar os custos envolvidos.

O Brasil escolheu utilizar o sistema adotado pela maioria dos países, porém quando se iniciou o conflito entre a Telefônica e a EMBRATEL, no final de 1998, demorou para agir, de forma que quase se comprometeu o início da concorrência entre as operadoras nos serviços de chamada de longa distância. Ainda, a questão não estava regulamentada, o que prejudicou ainda mais a agilidade da tomada de decisão da agência.

A compreensão acerca do conceito de serviços básicos variou entre os países, sendo a Alemanha o país que considera como básicos a gama maior de serviços (transmissão de voz, chamada com espera, transferência de chamada, conta especificada, especificação de tarifas e chamada de técnico para resolução de defeitos). A Austrália por sua vez considera como serviços básicos a transmissão de voz e a provisão de serviços públicos, assim como a Espanha, que em adição considera como básica a provisão de serviços para deficientes. A República Checa considera como serviço básico apenas a transmissão de voz enquanto a legislação canadense não determina o que é básico ou não. O Brasil, de acordo com o plano de metas de universalização, considera como básico apenas o serviço de telefonia fixa comutada.

Todos os países preveem uma compensação às firmas obrigadas a prestar serviços universais em partes não lucrativas. A legislação alemã prevê que cada operadoras licenciada, com um mínimo de 4% de participação no mercado, de contribuir para que haja uma compensação àquelas obrigadas a prover serviços universais em áreas consideradas com baixa taxa de retorno do capital invertido. Na Austrália, se o provedor de serviços universais tiver algum prejuízo ao suprir estes serviços em determinadas áreas, pode receber uma compensação, baseada na lucratividade das outras firmas. No Canadá é utilizado o regime de subsídios cruzados, como garantia de se estabelecer a universalização dos serviços. A República Checa, está preparando um fundo específico para a questão.

Apesar de ser prevista a criação de um fundo específico para a universalização no Brasil, existem ainda muitas controvérsias. As empresas são contra, o ministro das comunicações ainda não se pronunciou de forma contundente e são várias as interpretações que são dadas ao artigo da Lei Geral de Telecomunicações que trata do assunto. Deve-se salientar que do preço estimado para a venda do sistema TELEBRÁS foi subtraído um valor referente à universalização dos serviços. Como a universalização é um dos quesitos fundamentais para o sucesso do modelo, esta demora em se ajustar a forma pela qual seu financiamento deverá ocorrer, pode prejudicar sua plena instalação gerando uma externalidade negativa para a sociedade.

Na literatura sobre o tema regulação no Brasil, vários autores vêm usando ora o termo "regulação" ora o termo "regulamentação" para se referirem a um só conceito. De acordo com a definição exata das palavras, chegou-se à conclusão que o termo "regulação" refere-se ao ato de se restringir uma ação de determinado agente, enquanto que o termo "regulamentação" refere-se a uma das maneiras de se efetuar esta restrição. Seguindo o preceito de que a competição é a melhor configuração de mercado existente, por esta alocar de forma ótima os recursos da sociedade, quando esta não ocorre, é desejável que

97

haja a regulação do mercado para minimizar as externalidades negativas decorrentes das falhas. Assim, podem ser estabelecidos duas situações distintas: a) quando a imperfeição dos atores vem da assimetria de informações dos agentes e b) quando a imperfeição dos atores vem de situações onde a competição apresenta problemas. A primeira, refere-se à falta de informações sobre as características do produto. A segunda refere-se à questões como o risco, práticas espúrias dos agentes econômicos ou quando não pode existir concorrência.

Este último caso, quando a concorrência não pode existir, é o que diz respeito aos monopólios naturais. Os setores de infraestrutura, dos quais um é o de telecomunicações, apresentam características de monopólio natural, fato que facilita a ocorrência de práticas anticompetitivas. Estas práticas ocorrem basicamente através do aumento das barreiras à entrada, fusões e formação de cartel, que buscam aumentar o poder de mercado das firmas, que podem assim obter um sucesso maior na busca da renda excedente do consumidor. Assim, torna-se necessário que o setor seja regulado por um organismo que não é parte direta, nem está estabelecido na atividade em questão. Este é o preceito da independência do órgão regulador, fundamental para o sucesso das políticas de regulação adotadas, que devem buscar influenciar a conduta dos agentes, assim como afetar os parâmetros estruturais do setor em questão.

O Brasil, seguindo a tendência internacional, está privatizando seus setores de infraestrutura, dos quais as telecomunicações fazem parte. Como este setor apresenta as características de monopólio natural, estratégias de regulação foram adotadas, sendo criado um órgão regulador denominado ANATEL. O modelo de promoção da concorrência escolhido foi, inicialmente, o de empresas espelho para a telefonia fixa comutada e duopólio para a telefonia móvel, sendo prevista a abertura total do mercado após o dia 3i de dezembro de 200i. Sendo o modelo adotado o de concorrência, dois fatores são fundamentais para seu sucesso, além do controle de práticas anti-competitivas: a garantia da universalização dos serviços e a interconexão.

No primeiro quesito, a ANATEL e o Ministério das Comunicações estão completamente omissos. O projeto que havia sido encaminhado ao Congresso Nacional sem regime de urgência, voltou à estaca zero em março, não havendo até agora nenhum sinal de interesse por parte do ministro das comunicações, sr. Pimenta da Veiga, em se reencaminhar o projeto. Ora, não se pode esquecer que por ocasião da determinação do preço de venda das empresas do sistema TELEBRÁS, foi descontado o valor correspondente ao cumprimento das metas de universalização, justamente por estar previsto na Lei Geral de Telecomunicações sua criação. Mesmo constando nos contratos de concessão as metas de provisão de serviços universais, sua forma de financiamento permanece indefinida. Desta forma, caso o fundo de universalização ou outra forma de financiamento não seja estabelecida, a sociedade brasileira continuará servindo de financiador para a aquisição das empresas do sistema TELEBRÁS por grupos internacionais fortemente capitalizados.

Quanto à questão da interconexão, a estratégia utilizada pelos países estudados é a de permitir a livre negociação entre as operadoras e as *carriers*, com exceção do Canadá. Neste país, as tarifas de interconexão devem ser as mesmas para todos, como forma de se evitar conflitos em busca de lucratividade adicional, que não trazem nenhum benefício para o usuário final. A interconexão é obrigatória entre todas as operadoras e *carriers*, como forma de existir o acesso universal entre todos os usuários do sistema de telecomunicações. Da mesma forma, é fundamental para que possa se efetivar a concorrência entre as concessionárias.

No Brasil, aplicou-se o primeiro modelo, com resultados até agora satisfatórios, graças á intervenção da ANATEL. As operadoras, com exceção da Tele Norte Leste não foram capazes de chegar a um acordo com a *carrier* (EMBRATEL). A Telefônica desde dezembro já estava em disputa judicial com a *carrier* em pontos relevantes, devido à ausência de uma regulamentação específica da questão. Esta prática, de se adiar a regulamentação de questões relevantes, apenas contribui para o início de conflitos e demandas judiciais, que poderiam ser evitadas, caso houvesse uma preocupação anterior em se definir claramente as regras pelas quais os contratos de interconexão deveriam ocorrer. Claramente é o usuário final que acaba penalizado por essas omissões, devido ao fato das concessionárias as utilizarem como maneira de adiar o cumprimento das metas e normas constantes dos contratos de concessão.

Uma das formas de se acompanhar a movimentação entre as empresas de qualquer indústria, no que diz respeito às intenções de se realizarem fusões, aquisições, entre outras formas de se adquirir poder de mercado, é o acompanhamento das alterações da composição acionária. Conforme foi exposto, as concessionárias já iniciaram alterações na sua composição acionária, sem que a ANATEL, em um primeiro momento, tivesse o cuidado de analisar as novas composições. Isso gerou conflitos e situações espúrias e escusas que, se a ANATEL tivesse tomado medidas de fiscalização, não teriam ocorrido. A agência, apenas depois, firmou um acordo com a CVM de intercâmbio de informações como forma de se poder acompanhar estas movimentações.

Com relação aos direitos dos usuários, a agência vem demonstrando um forte interesse em sua defesa. O caso relativo aos planos de expansão não entregues no prazo podem ser citados como um exemplo. A forma de penalização, favoreceu os usuários, já que a agência, ao invés de multar as operadoras e arrecadar o dinheiro, preferiu que o valor da penalidade fosse distribuído aos usuários, na forma de descontos em serviços utilizados.

A questão tarifária foi bem definida, embora deva-se explicitar melhor os métodos de reajuste tarifário a serem utilizados após a liberalização do setor. A inclusão dos ganhos de produtividade, enquanto redutor do índice de reajuste, na forma de *price cap*, demonstra mais uma vez a preocupação da agência em relação aos usuários, visto que distribui esses ganhos.

A agência deve porém, o mais rápido possível, regulamentar de forma clara e precisa as questões que porventura possam criar dúvidas e conflitos tanto na relação usuário/concessionárias como na relação concessionárias/concessionárias. Assim, pode-se evitar o aparecimento de

101

situações escusas, que venham a degradar o modelo regulador frente à opinião pública ou mesmo prejudicar sua implementação e manutenção.

NOTAS

[1] Sigla de Plano Nacional de Desenvolvimento

[2] Para maiores detalhes, ver Furtado, C., "Formação econômica do Brasil".

[3] Particularmente os setores de material de transporte e de material elétrico

[4] Notadamente o setor automobilístico e o de construção civil

[5] Não pode ser deixada de lado a necessidade de uma reorganização no setor energético brasileiro.

[6] O petróleo tinha uma grande participação na pauta de importações, daí sua importância do segundo choque de preços para compreender o aumento do déficit da balança comercial brasileira.

[7] Aliás, nunca cumpriu nenhuma das cartas de intenções assinadas.

[8] Programa Nacional de Desestatização

[9] Interferência deve ser entendida como o „(...) bloqueio, restrição ou alteração das opções abertas ao sujeito." (MITNICK, 1989, p. 22)

[10] Pode ocorrer também regulação intragovernamental.

[11] Interferência deve ser entendida como o "(...) bloqueio, restrição ou alteração das opções abertas ao sujeito." (MITNICK, 1989, p. 22)

[12] Do original „An external effect of economic decision is an

effect, whether beneficial or harmful, upon a person who was not a party to the decison."

[13] Pode ocorrer também regulação intra-governamental. Para um aprofundamento maior, ver MITNICK, 1989.

[14] Do original „La regulación es la política administrativa pública de una actividade privada com respecto a una regla prescrita en el interés público."

[15] Do original „La regulación es un proceso que consiste en la restrición intencional de la elección de atividades de un sujeto, y proviene de una entidad que no es parte directa ni está involucrada en dicha atividad."

[16] Do original „(...) de la percepción comúm del control público de las actividades privadas sociales y relacionadas com el mercado."

[17] Um exemplo é a estandardização dos equipamentos de áudio e vídeo.

[18] Um bom exemplo é o caso da indústria de energia, que em certas ocasiões necessitam apelar para as caras usinas nucleares.

[19] Este argumento não encontra base de sustentação, onde os monopólios naturais detém uma participação pequena na economia de um país.

[20] Do original „Los intereses políticos afectan a los gobiernos, y los intereses de los organismos reguladores no coinciden necesariamente com el bienestar social".

[21] Salvo em questões escandalosas, como por exemplo, a con-

taminação de um rio inteiro, por efluentes originários de determinado grupo industrial, ocasião na qual os políticos, com medo de perder seus cargos ou votos da população, procurarão tomar providências, para salvar a própria pele.

[22] Em inglês "rent seeking".

[23] Em inglês "rent avoidance".

[24] Ocorrem entre empresas situadas em mercados relevantes distintos.

[25] Em inglês "foresclosure".

[26] Em inglês, "sunk costs".

[27] Esta situação em inglês se chama "cream skimming competition"

[28] Este critério, que tem tido uma crescente utilização, pode ser entendido da seguinte maneira: seja R_t o reajuste permitido no período t, π_{t-i} a taxa de inflação acumulada desde o último reajuste e X_t o crescimento esperado da produtividade até o próximo ajuste. Então, $R_t = \pi_{t-i} - X_t$. Exemplificando, se o período de reajuste for semestral, a inflação acumulada igual a 8% e a produtividade esperada igual a 5,5%, as tarifas poderão ser aumentadas em até (8-5,50) 2,50%.

[29] Não há distinção entre local nacional e internacional, de acordo com a TGK.

[30] Banco de Desenvolvimento Alemão

[31] Viag Intercom Gmbho.

[32] Esta determinação da agência alemã, alvo de certa polêmi-

ca, foi confirmada pela Corte Administrativa de Münster.

[33] Transmissão de voz, chamada com espera, transferência de chamada, conta especificada, especificação de tarifas e chamada de técnico para resolução de defeitos.

[34] Para maior informações sobre o TIO, pode ser consultado o endereço http://www.tio.com.au/index.html.

[35] Único órgão com poderes para efetuar esta aprovação.

[36] Não foram encontrados dados relativos à participação de cada uma no mercado, estando disponíveis apenas o montante total de minutos utilizados.

[37] Ou 35% de 1/3.

[38] Foreign Aquisition and Takeovers Act 1975

[39] Transmissão de voz e dados (em alguns casos) e telefones públicos pagos.

[40] Com exceção do Sr. Renato Guerreiro, que era o então secretário executivo do Ministério das Comunicações, os demais conselheiro têm origem na burocracia do ministério ou das operadoras do sistema Telebrás.

[41] Apenas no período inicial de cinco anos, sendo definida da seguinte maneira: qualquer empresa que tenha uma participação relevante em uma concessionária (mais de 20% das ações com direito a voto) pode participar do capital de qualquer outra até o limite de 20%. O que não é permitido é o cruzamento de concessionárias, isto é, o controlador de uma concessionária não pode ser o controlador de uma outra.

[42] Grande SP, Interior de SP, RJ e ES, Minas Gerais, PR e

106

SC, RS, DF/GO/TO/MS/MT/RO/AC, AM/RR/AP/PA/MA, BA e SE, PI/CE/RN/PB/PE/AL.

[43] O plano básico compreende: a) local: habilitação local, assinatura e pulso; b)longa distância: quatro modalidades de tarifas e c) oito regiões tarifárias diferentes. Fora destes planos, as concessionárias pode m oferecer planos alternativos desde que previamente aprovados pela ANATEL.

[44] No Brasil apenas os serviços de telefonia fixa comutada.

[45] É limitada somente a atuação em um mesmo serviço e se explorado na mesma área de concessão.

[46] A única exceção no caso dos países escolhidos é a República Checa, considerada por também não ter experiência na regulação ativa dos setores de infra-estrutura. Este país passa por uma rápida adaptação aos critérios da União Européia, por já estar na primeira rodada de conversações para sua entrada neste bloco econômico.

REFERÊNCIAS

ALEXANDER, Ian & IRWIN,. Timothy. *Price caps, rate-of-return regulation, and the cost of capital*, Private Sector, The World Bank Group, note n⁰ 87, set. 1997.

ALMEIDA, Márcio Wohlers de & CROSSETTI, Pedro. *TELECOMUNICAÇÕES. Infra-estrutura: perspectivas de reorganização*, IPEA, 1997

CHANG, Ha-Joon. The economics and politics of regulation, *Cambridge Journal of Economics*, 1997, 21, p. 703-728.

CHESNAIS, François. *A mundialização do capital*, 1ª edição, Xamã Editora, 1996

FAGUNDES, J.. *Defesa da Concorrência e Regulação*. Texto para discussão, IE/UFRJ, 1998.

FAGUNDES, Jorge. *Regulação dos setores de telecomunicações: transformações internacionais*. Texto para discussão n⁰ 385, UFRJ, IEI, janeiro de 1987.

FARINA, Elizabete M. M. Querido. A teoria dos mercados contestáveis e a teoria da organização industrial: um artigo resenha, *Est. Econ.*, São Paulo, v. 20, n⁰ 1 p. 5-28, jan.-abr., 1990

FIANI, R.. *Uma abordagem abrangente da regulação de monopólios: exercício preliminar aplicado a telecomunicações.* Texto para discussão n⁰ 408, IE/UFRJ, 1998.

GASMAN, Lawrence. Access in telecommunications: a little less equality, a ittle more entry , *Regulation*, CATO, in http://www.cato.org.

GASMAN, Lawrence. Telecompetition revisited, *Regulation*, CATO, in http://www.cato.org.

GEORGE, Ken & JACQUEMIN, Alexis. Dominant firms and mergers, *The Economic Journal*, jan. 1992, p. 148-157.

GEROSKI, P. A.. Vertical relations between firms and industrial firms, *The Economic Journal*, jan. 1992, p. 138-147.

HARRIS, Robert G. & KRAFT, C. Jeffrey. Meddling Through: regulating local telephone competition in the United States, *Journal of Economic Perspectives*, vol. ii, n^{0} 4, fall 1997, p. 93-ii2.

JORNAL TELECOM - Vários números

JOSKOW, Paul L.. Restructuring, competition and regulatory reform in the U.S. eletricity sector, *Journal of Economic Perspectives*, vol. 11, n^{0} 3, summer 1997, p. 119-138.

MACULAN, Anne-Marie & LEGEY, Liz-Rejane. As experiências internacionais de regulação para as telecomunicações e a reestruturação dos serviços no Brasil, *Revista de Economia Política*, vol. 16, n^{0} 4 (64), outubro-dezembro/96, p. 67-86.

MELLO, João M. C. de M. & BELUZZO, Luiz Gonzaga de M.. Reflexões sobre a crise atual in BELLUZZO,

Luiz Gonzaga de M. & COUTINHO, R. (Orgs.). *Desenvolvimento Capitalista no Brasil – ensaios sobre a crise. São Paulo.* Editora Brasiliense, 1984.

MITNICK, Barry M.. *La economía política de la regulación.* Fondo de Cultura Económico/Economía Comtemporánea, México, 1989.

MOREIRA, Maurício. *Em busca das ligações entre intervenção estatal e sucesso industrial,* Texto para discussão n$^{\underline{o}}$ 38, BNDES, Rio de Janeiro, dez. 1995

MOTTA, Sérgio. Lei, agência e privatização. *RNT,* A privatização da TELEBRÁS, suplemento especial, 1996.

MÜLLER, Jürgen. *International experiences in competiton and regulation in telecommunications industries,* OECD in http://www.oecd.org/daf/ccp/bdpt.i05.html

OECDa, internet. 1999 *Communications outlook - Telecommunications: regulatory issues Germany.* OECD, 1998, http://www.oecd.org/dsti/sti/it/index.htm

OECDa, internet. 1999 *Communications outlook - Telecommunications: regulatiry issues Czech Republic.* OECD, 1998, http://www.oecd.org/dsti/sti/it/index.htm

OECDb, internet. 1999 *Communications outlook - Telecommunications: regulatiry issues Australia.* OECD, 1998, http://www.oecd.org/dsti/sti/it/index.htm

OECDc, internet. 1999 *Communications outlook - Telecommunications: regulatiry issues Canada.* OECD, 1998, http://www.oecd.org/dsti/sti/it/index.htm

OECDd, internet. *1999 Communications outlook - Telecommunications: regulatiry issues Spain.* OECD, 1998, http://www.oecd.org/dsti/sti/it/index.htm

ORR (Office of Regulation Review). *A guide to regulation.* in http://www.orr.gov.au

PIRES, José C. Linhares & PICCININI, Maurício. *Serviços de telecomunicções: aspectos tecnológicos,* Ensaio BNDES, in http://www.bndes.gov.br

PITSCH, Peter. *Reforming universal service: comopetitive bidding or consumer choice?,* Briefing Paper n$^{\underline{0}}$ 29, maio 1997, CATO, in http://www.cato.org.

POSSAS, M., FAGUNDES, J. e PONDÉ, J.. Defesa da concorrência e regulação. *Revista de Direito Econômico,* janeiro/julho, número 27, 1998

POSSAS, M., FAGUNDES, J. e PONDÉ, J.. *Regulating Competition in Oligopoly: The Case of Telecommunications in Brazil.* Twelfh Biennial Conferece of The International Telecommunication Society, Estocolmo, junho, 1998.

POSSAS, M., PONDÉ, J. e FAGUNDES, J.. *Regulação da Concorrência nos Setores de Infraestrutura no Brasil: elementos introdutórios para um quadro conceitual.* Relatório de Pesquisa/IPEA, 1997, 40 págs.

POSSAS, M., PONDÉ, J. e FAGUNDES, J.. Regulação da Concorrência nos Setores de Infraestrutura no Brasil: Um Ênfoque Alternativo. *Revista Archè,* número 16, ano VI, Universidade Cândido Mendes, 1997.

111

REVISTA RNT - Vários números

REVISTA TELEBRASIL - Vários números

SMITH, Peter. Subscribing to monopoly: the telecon monopolist's Lexicon-Revisited, *Private Sector*, The World Bank Group, note n° 53, set. 1995.

SPILLER, Pablo T. & CARDILI, Carlo. The frontier of telecommunications deregulation: small countries leading the pack, *Journal of Economic Perspectives*, vol. 11, n° 3, fall 1997, p. 127-138.

STIGLER, George. *The citizen and the State – Essays on regulation*, The University of Chicago Press, 1975.

STIGLER, George. The theory of economic regulation, *Bell Journal of Economics and Management Science*, spring, 1971.

TAVARES, Maria da Conceição & BELUZZO, Luiz Gonzaga de M. Notas sobre o processo de industrialização recente no Brasil in BELLUZZO, Luiz Gonzaga de M. & COUTINHO, R. (Orgs.). *Desenvolvimento Capitalista no Brasil – ensaios sobre a crise*. São Paulo. Editora Brasiliense, 1984.

THIERER, Adam. Unnatural monopoly: critical moments in the development of the Bell system monopoly, *The CATO Journal*, vol. 14, n° 2, fall 1994.

VICKERS, John & YARROW, George. *Un análisis económico de la privatización*. Fondo de Cultura Económico/Economía Comtemporánea, México, 1991.

WAVERMAN, Leonard & SIREL, Esen. European telecomunications markets on the verge of full liberalization, *Journal of Economic Perspectives,* vol. 11, n$^{\underline{0}}$ 3, fall 1997, p. 113-126.